zoë mellor

CHAUSSONS
DE BÉBÉS

zoë mellor

CHAUSSONS
DE BÉBÉS

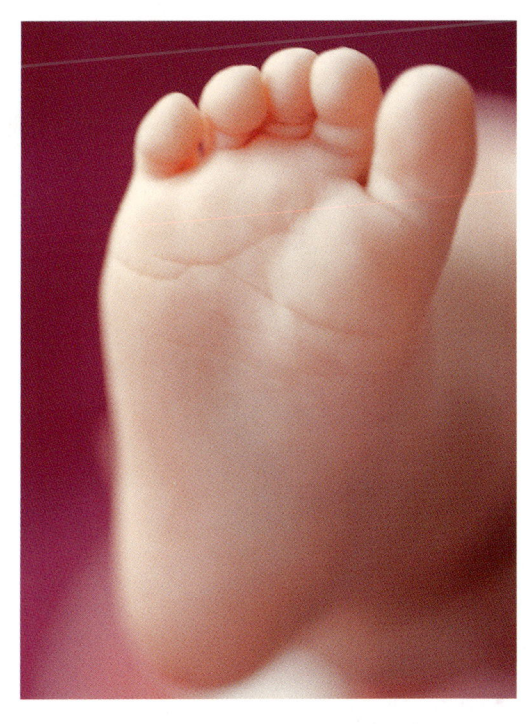

• MARABOUT •

Pour Toby le tigre et pour Bump, qui porteront la plupart de ces chaussons.

Cet ouvrage a été publié pour la première fois en 2002 en Grande-Bretagne par Collins & Brown Limited sous le titre *50 Baby Bootees to Knit*

Textes et modèles
© Zoë Mellor 2002
Illustrations et photographies
© Collins & Brown Limited 2002

Édition : Kate Haxell
Stylisme : Luise Roberts
Photographies : Joey Toller
Vérification des patrons/modèles :
Eva Yates

© Marabout (Hachette Livre) 2003 pour la traduction et l'édition françaises.

Traduction de l'anglais : Renée Méry
Mise en page : Maogani

sommaire

Introduction 6

Tricoter pour les bébés 9
Mesurer des petits pieds 11

- ◆ Bottines volantées, en jacquard « Fair Isle » 12
- ◆ Chaussons au point de riz 14
- ◆ Bottines aux torsades 16
- ◆ Bottines aux ancres 18
- ◆ Chaussons à barrettes 21
- ◆ Chaussettes à pois 22
- ◆ Bottines en dentelle 25
- ◆ Chaussons de lutin 26
- ◆ Chaussons en vichy 28
- ◆ Bottines en dentelle et jacquard 30
- ◆ Chaussons de pirate 32
- ◆ Chaussons « moutons » 34
- ◆ Bottines aux chevrons 37
- ◆ Chaussettes aux fleurs de lys 38
- ◆ Chaussons noués 41
- ◆ Chaussons « zèbres » 42
- ◆ Chaussons au cœur 44
- ◆ Chaussons « abeilles » 47
- ◆ Pantoufles idéales 48
- ◆ Bottines « animaux » 50
- ◆ Chaussons rayés 52
- ◆ Chaussons « façon jean » 55
- ◆ Chaussettes aux talons et bouts contrastés 56
- ◆ Bottines à la tige au point de riz 58
- ◆ Chaussons aux pastilles 60
- ◆ Pattes de canard 62
- ◆ Chaussons de Polichinelle 64
- ◆ Chaussures à pois 67
- ◆ Ballerines 68
- ◆ Chaussons « coccinelles » 72
- ◆ Bottines en dentelle et pointe de diamant 75
- ◆ Bottines aux poissons 76
- ◆ Chaussettes aux entrelacs 78
- ◆ Chaussons en jacquard 80
- ◆ Bottines au bord roulotté 82
- ◆ Bottines « tigres » 84
- ◆ Chaussettes aux cœurs 86
- ◆ Chaussons fermés sur la cheville 89
- ◆ Bottines aux étoiles 90
- ◆ Pantoufles à bordure contrastée 92
- ◆ Bottines rayées 95
- ◆ Chaussettes aux torsades 98
- ◆ Chaussons aux franges colorées 101
- ◆ Chaussons avec torsade centrale 103
- ◆ Bottines aux feuilles ajourées 104
- ◆ Pantoufles en tweed aux noppes 107
- ◆ Bottines d'Arlequin 108
- ◆ Chaussons au ruban noué 111
- ◆ Pantoufles 112
- ◆ Chaussettes rayées 114

Informations générales 116
Remerciements 119

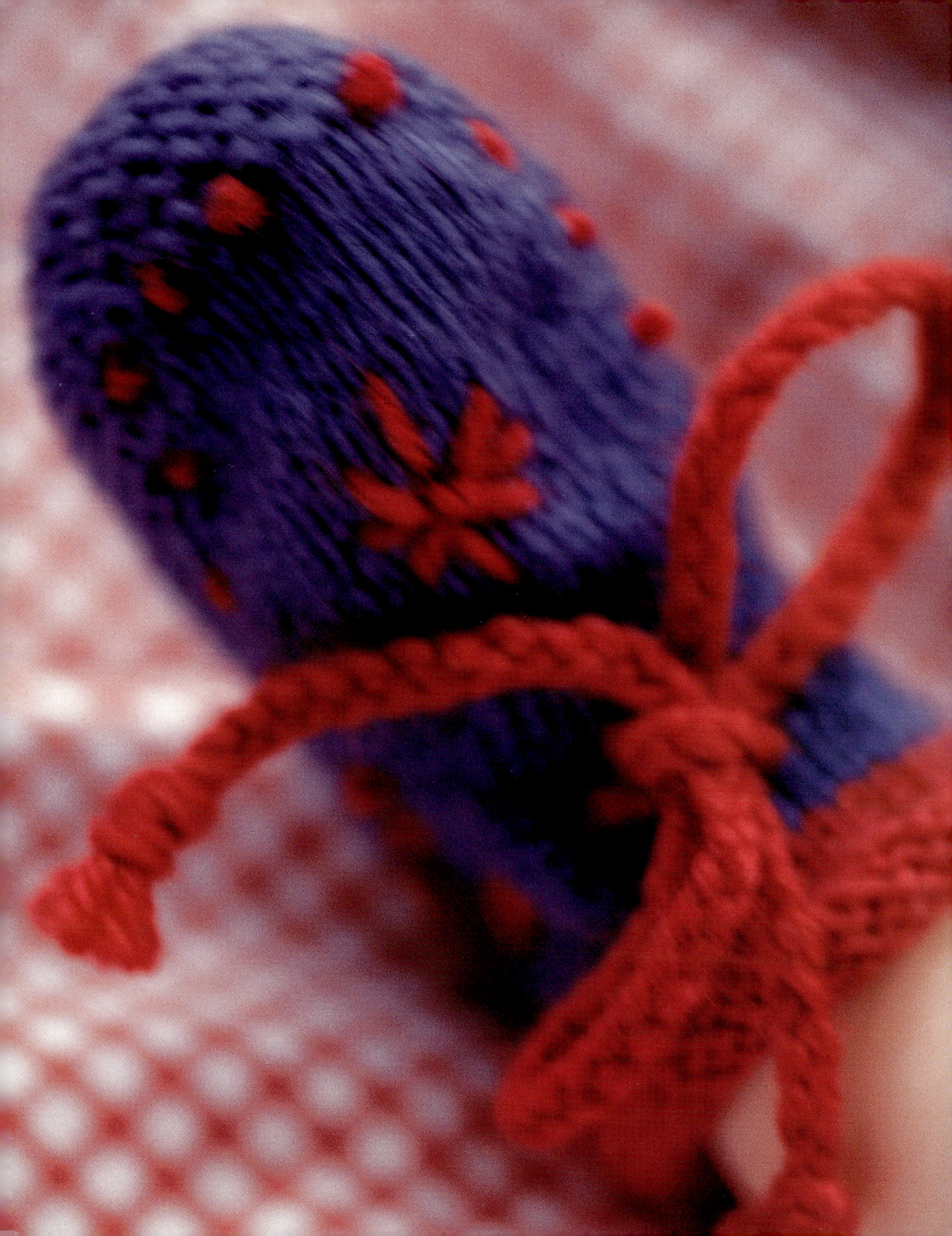

Introduction

Les tricoteuses avoueront sans peine avoir déjà abandonné un ou deux ouvrages en cours de route, par manque de temps. Une paire de chaussons de bébé, quel qu'en soit le modèle, est si agréable et si rapide à tricoter qu'elle ne restera jamais inachevée. C'est aussi l'occasion d'utiliser tous vos restes de fils et de vous lancer dans des mélanges de couleurs originaux.

Étant passionnée de chaussures, j'ai considéré l'idée de créer cinquante paires de chaussons comme un merveilleux défi. J'en ai donc imaginé aux formes modernes avec une touche d'humour pour qu'ils fassent naître un sourire sur tous les visages.
J'en ai également prévu de plus traditionnels, dans des assortiments de couleurs qui leur donneront une touche plus actuelle, répondant aux envies et aux besoins de chacun.

J'ai pris un grand plaisir à concevoir ce livre ; le choix y est si vaste que vous n'aurez aucune excuse pour ne pas réaliser au moins une paire. Lancez-vous, prenez vos aiguilles et confectionnez ces petits chaussons si douillets et si chauds !

Zoë Mellor

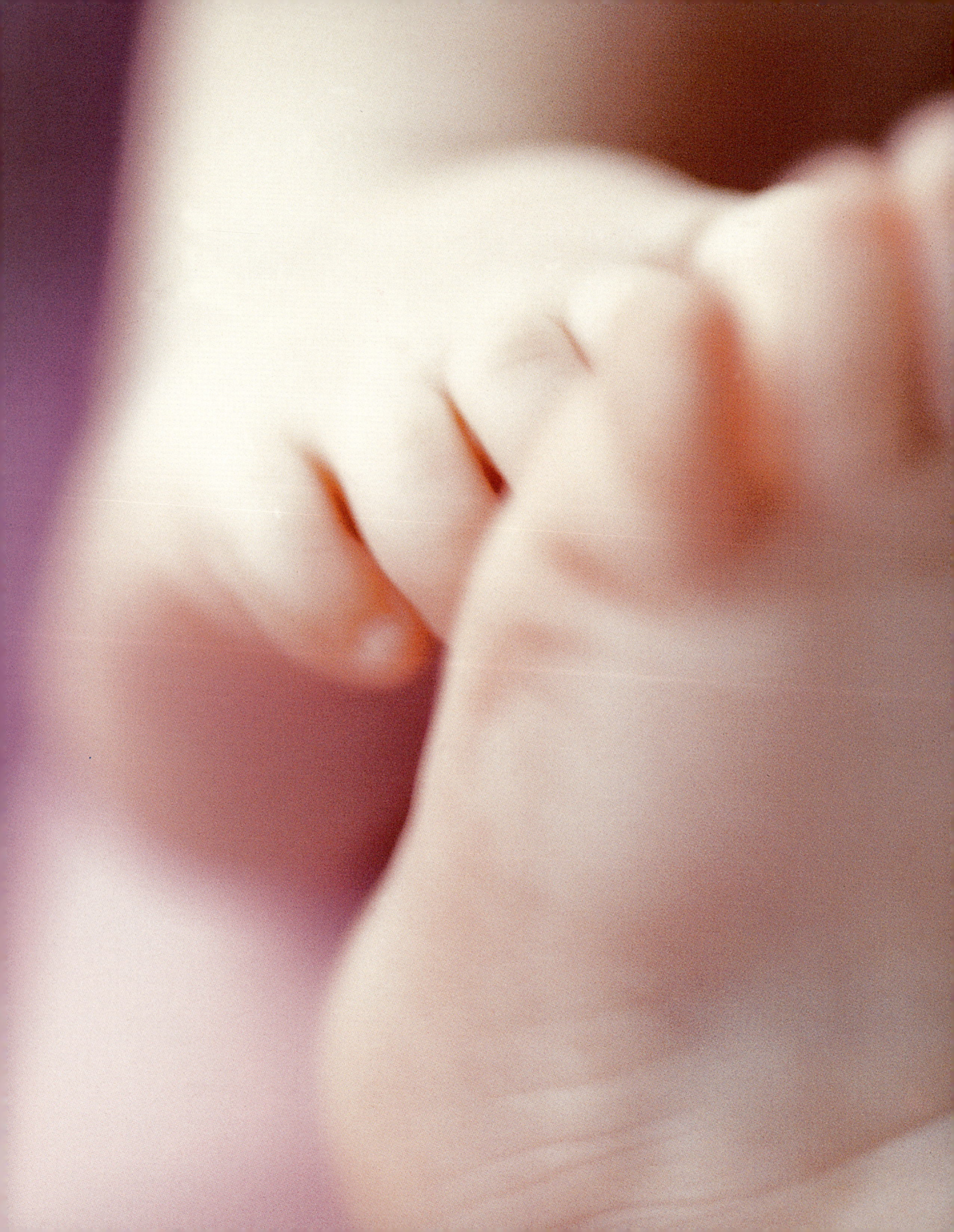

Tricoter pour les bébés

Sécurité
La plupart des bébés sont fascinés par leurs propres pieds et tentent d'attraper et d'arracher tout ce qu'ils voient dessus. C'est pourquoi vous devez tenir compte de ces conseils quand vous tricotez des chaussons.
• Quand vous ajoutez des rubans ou des liens, fixez-les solidement sur l'arrière du chausson par quelques points. Le bébé ne pourra pas les arracher.
• Tous les boutons et accessoires comme les grelots ou les pompons doivent également être cousus avec un fil très solide. Vérifiez-les régulièrement pour être sûr qu'ils tiennent encore parfaitement.

Lavage
La majorité des chaussons peuvent être lavés à la main avec une lessive douce ou en suivant les indications du fabricant sur la bande de la pelote de fil. N'oubliez pas de découdre les grelots des chaussons de la p.126 avant de les laver et de les recoudre après séchage. Respectez les instructions de lavage de toutes les garnitures achetées en mercerie.

Fils
La plupart des fils, aujourd'hui, sont doux au toucher ; aussi ils n'irriteront pas la peau délicate des bébés. Toutefois, si votre bébé souffre d'eczéma, c'est peut-être une bonne idée de choisir un fil de coton plutôt que de laine ou une fibre synthétique.

Coutures
Les coutures doivent être les plus fines possibles pour qu'il n'y ait pas de bourrelet à l'intérieur du chausson qui irriterait la peau. Épinglez les morceaux l'un contre l'autre, endroit contre endroit en alignant les bords à assembler. Assemblez à points arrière en inversant la couture sur les revers ou les bords qui se roulent pour avoir des finitions bien nettes.

Mesurer des petits pieds

Quand vous tricotez des chaussons, il est impératif de respecter les mesures de l'échantillon (*voir p. 116*), car il n'y a pas de place pour l'erreur dans un si petit ouvrage. Si vous voulez changer les mesures du modèle, essayez d'utiliser des aiguilles plus fines ou plus grosses. Les mesures du pied, ci-dessous, sont un guide approximatif.

Naissance à 3 mois	9 cm
3 à 6 mois	10 cm
6 à 9 mois	11,5 cm

Bottines volantées, en jacquard « Fair Isle »

De jolies bottines pour les grandes occasions – la bordure volantée fait beaucoup d'effet – et très faciles à tricoter. Elles auront une aussi belle allure dans des coloris vifs que pastel.

TAILLE
6 à 9 mois

FOURNITURES
Fil à tricoter 100 % laine, 170 m pour 50 g : 50 g rose (R) et écru (C), quelques g mauve (A), jaune (B)
2 aig. n° 3
100 cm de ruban

ÉCHANTILLON
28 m. et 38 rgs = 10 cm tricotés en jersey endroit avec les aig. n° 3

ABRÉVIATIONS
Voir p. 116

TIGE
Monter 122 m. C. Tricoter 1 rg end.
2ᵉ rg : 1 m. env., [*3 m ensemble à l'env. * 3 fs, 2 m. env.] Répéter jusqu'à la fin du rg.
3ᵉ rg : avec R, * 2 m. ensemble à l'end. * 2 fs, * 3 m. end., 2 m. ensemble à l'end. * 9 fs, * 2 m. ensemble à l'end. * 2 fs, 3 m. end. = 43 m.
Cont. en jersey end. Tric. 2 rgs droits.
3ᵉ rg : * 2 m. end., 1 jeté, 2 m. ensemble à l'end. * jusqu'aux 3 dernières m., 3 m. end.
Tric. encore 3 rgs.

DESSUS DU PIED
29 m. end., tourner, 15 m. env., tourner.
Tric. 22 rgs sur ces 15 dernières m.
Couper le fil.
En trav. sur l'end., reprendre les 14 premières m. en attente sur l'aig., à la suite relever 15 m. R sur la lisière du dessus de pied, reprendre les 15 m. du bout du pied, relever 15 m. sur l'autre lisière du dessus de pied et reprendre les 14 dernières m. en attente = 73 m.
1ᵉʳ rg : à l'end.
2ᵉ rg : comm. le jacquard en suiv. la grille : avec C à l'end.
3ᵉ rg : à l'env. : * 1 m. B, 1 m. C * jusqu'à la fin.
4ᵉ rg : à l'end. col. C.
5ᵉ rg : à l'env. : * 1 m. A, 3 m. C * jusqu'à la dernière m., 1 m. A.
6ᵉ rg : à l'end. : * 1 m. B, 1 m. A, 1 m. C, 1 m. A * jusqu'à la dernière m., 1 m. B.
7ᵉ rg : comme le 5ᵉ.
8ᵉ rg : comme le 4ᵉ.
9ᵉ rg : avec B : 2 m. ensemble à l'env., tric. à l'env. jusqu'aux 2 dernières m., 2 m. ensemble à l'env. Couper le fil = 71 m.

SEMELLE
Avec R.
1ᵉʳ rg : 1 m. end., * 2 m. ensemble à l'end., 29 m. end., 2 m. ensemble à l'end. * 3 m. end. Répéter une autre fs de * à *, 1 m. end.
2ᵉ rg : 30 m. end., 2 m. ensemble à l'end., 3 m. end., 2 m. ensemble à l'end., 30 m. end.
3ᵉ rg : 1 m. end., * 2 m. ensemble à l'end., 26 m. end., 2 m. ensemble à l'end. * 3 m. end. Répéter une autre fs de * à *, 1 m. end.
4ᵉ rg : 27 m. end., 2 m. ensemble à l'end, 3 m. end., 2 m. ensemble à l'end., 27 m. end.
5ᵉ rg : 1 m. end., * 2 m. ensemble à l'end., 23 m. end., 2 m. ensemble à l'end. *, 3 m. end. Répéter une autre fs de * à *, 1 m. end.
6ᵉ rg : rab.

Deuxième bottine
Tric. la deuxième bottine semblable.

MONTAGE
Fermer la tige et la semelle. Rentrer tous les fils. Couper le ruban en 2 et le glisser dans les trous-trous de la tige pour les nouer sur le devant (voir p. 9).

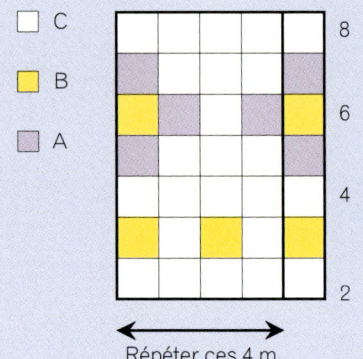

□ C
■ B
■ A

Répéter ces 4 m.

CHAUSSONS DE BÉBÉS

Chaussons au point de riz

Un modèle très classique pour ces chaussons boutonnés, tricotés en coton. Leur forme très simple fait ressortir le relief du point.

TAILLE
3 à 6 mois

FOURNITURES
Fil à tricoter 100 % coton, 170 m. pour 50 g : 1 pel. blanc
2 aig. n° 3
2 petits boutons

ÉCHANTILLON
28 m. et 38 rgs = 10 cm tricotés en jersey endroit avec les aig. n° 3

ABRÉVIATIONS
Voir p. 116

SEMELLE
Monter 24 m. et tric. au point de riz.
Augm. 1 m. à ch. extrémité des 2, 4, 6 et 8ᵉ rgs = 32 m.
Tric. 3 rgs. Dim. 1 m. à ch. extrémité des 12, 14, 16 et 18ᵉ rgs = 24 m.
19ᵉ rg : tric. au point de riz jusqu'à la fin du rg, ajouter 8 m.

DESSUS
Augm. 1 m. à ch. extrémité du 2ᵉ rg, puis ts les 2 rgs jusqu'à 38 m. (= 12 rgs).
13ᵉ rg : rab. 12 m., tric. 3 m., rab. 4 m., tric. au point de riz jusqu'à la fin du rg.
14ᵉ rg : 19 m. point de riz, mettre les 3 m. suiv. en attente sur une épingle de sûreté.
15ᵉ au 25ᵉ rg : au point de riz.
26ᵉ rg : 19 m. point de riz, ajouter 19 m.
27ᵉ rg : au point de riz.
28ᵉ rg : 2 m. ensemble, tric. au point de riz jusqu'à la fin du rg.
29ᵉ au 38ᵉ rg : comme les 27 et 28ᵉ rgs.
39ᵉ rg : rab.

ATTACHE
Glisser les 3 m. en attente sur une aig. à tric.
1ᵉʳ rg : 1 augm. dans la m. suiv. dans chacune des 2 premières m., 1 m. end. = 5 m.
2ᵉ au 15ᵉ rg : au point de riz.
16ᵉ rg : 2 m. point de riz, rab. la m. suiv., 2 m. point de riz.
17ᵉ rg : 2 m. point de riz, 1 jeté, 2 m. point de riz.
18ᵉ au 20ᵉ rg : au point de riz.
21ᵉ rg : rab.

Deuxième chausson
Tric. le deuxième chausson semblable.

MONTAGE
Fermer le talon. Épingler régulièrement le dessus autour de la semelle et le coudre. Attention, le point de riz est réversible : monter les chaussons de façon à former un pied droit et un pied gauche ! Rentrer tous les fils. Coudre les boutons (voir p. 9).

Bottines aux torsades

Ces bottines sont très originales. La torsade qui court tout autour du pied du bébé prendra tout son relief si elle est tricotée dans une teinte contrastée. Pour une allure plus classique, vous pouvez tricoter toute la bottine de la même couleur.

TAILLE
Naissance à 3 mois (3 à 6 mois – 6 à 9 mois)

FOURNITURES
Fil à tricoter 50 % laine, 50 % coton, 113 m. pour 50 g : 1 pel. lilas (A) et écru (B)
2 aig. n° 3,5
1 aig. à torsades

ÉCHANTILLON
24 m. et 32 rgs = 10 cm tricotés en jersey endroit avec les aig. n° 3,5

ABRÉVIATIONS
6 m. croisées à droite (6CrD) : glisser 3 m. sur l'aig. à torsades placée derrière le trav., 3 m. end. puis tric. à l'end. les 3 m. en attente.
Voir également p. 116

TORSADE
Monter 8 m. B.
1er rg : à l'end.
2e rg : 1 m. end., 6 m. env., 1 m. end.
3e et 4e rgs : comme le 1er et le 2e rg.
5e rg : 1 m. end., 6 CrD, 1 m. end.
6e rg : comme le 2e rg.
7e au 72 (84 – 96)e rg : répéter les rgs 1 à 6 : 11 (13 – 15) fs en posant un repère à ch. extrémité du : 37 (43 – 49)e rg.
Tric. de nouveau le 1er et le 2e rg.
Rab.

SEMELLE
Avec le col. A relever en les tric. à l'end. 63 (73 – 83) m. sur une lisière de la torsade, soit : 31 (36 – 41) m. de chaque côté du repère et 1 m. sur le rg marqué.
1er au 3e rg : à l'end.
4e rg : 2 m. end., * 1 m. glissée, 1 m. end., rab. la m. glissée sur la m. tric., 25 (30 – 35) m. end., 2 m. ensemble à l'end. * 1 m. end. Répéter une autre fs de * à *, 2 m. end.
5e rg : à l'end.
6e rg : 2 m. end., * 1 m. glissée, 1 m. end., rab. la m. glissée sur la m. tric., 23 (28 – 33) m. end., 2 m. ensemble à l'end. *, 1 m. end. Répéter une autre fs de * à *, 2 m. end.
7e rg : à l'end.
8e rg : 2 m. end., * 1 m. glissée, 1 m. end., rab. la m. glissée sur la m. tric., 21 (26 – 31) m. end., 2 m. ensemble à l'end. *, 1 m. end. Répéter une autre fs de * à *, 2 m. end.
9e rg : à l'end.
10e rg : rab.

DESSUS
Monter 32 (34 – 36) m. B.
Prendre A, tric. 1 rg end. puis 15 rgs en côtes 1/1.
Cont. en jersey end. pendant 4 (6 – 8) rgs.
5e et 6e rgs : rab. 11 m., cont. jusqu'à la fin du rg.
Tric. 14 (16 – 18) rgs sur les 10 (12 – 14) m.
Rab.

Deuxième bottine
Tric. la deuxième bottine semblable.

MONTAGE
Fermer la semelle et le talon.
Épingler le milieu du dessus de pied au milieu de la torsade.
Coudre le chausson à la torsade en répartissant régulièrement le tricot (*voir p. 9*).
Rentrer tour les fils.

CHAUSSONS DE BÉBÉS

Bottines aux ancres

Ces bottines sont parfaites pour les marins en herbe. Tricotées dans une laine bien chaude, elles protégeront leurs mignons petits pieds par tous les temps, en mer ou sur la terre ferme.

TAILLE
3 à 6 mois

FOURNITURES
Fil à tricoter 100 % laine mérinos, 183 m pour 50 g : 1 pel. marine (M), 1 pel. écru (E)
2 aig. n° 3

ÉCHANTILLON
28 m. et 38 rgs = 10 cm tricotés en jersey endroit avec les aig. n° 3

ABRÉVIATIONS
Voir p. 116

TIGE
Monter 42 m. E. Prendre m. et tric. en côtes 1/1 pendant 6 cm, en dim. 1 m. à la fin du dernier rg = 41 m.
Cont. en jersey end. Tric. 4 rgs.

DESSUS DU PIED
28 m. end., tourner, 15 m. env., tourner.
Tric. 8 rgs sur ces 15 m.
9e rg : commencer le motif jacquard en tric. : 7 m. M, 1 m. E, 7 m. M.
Après le motif, pour le bout du pied, tric. encore 4 rgs M. Couper le fil.
En trav. sur l'end., reprendre les 13 premières m. en attente sur l'aig., relever 11 m. m. sur la lisière du dessus de pied, reprendre les 15 m. du bout du pied, relever 11 m. sur l'autre lisière et reprendre les 13 dernières m. en attente = 63 m.
Cont. ainsi :
1er rg : avec M, à l'end.
2e et 3e rg : avec E, à l'end.
4e et 5e rg : avec M, à l'end.
6e au 13e rg : répéter 2 fs les rgs 2 à 5.
Couper le fil E.

SEMELLE
Avec M :
1er rg : 1 m. end., * 2 m. ensemble à l'end., 25 m. end., 2 m. ensemble à l'end. *, 3 m. end., * Répéter une autre fs de * à *, 1 m. end.
2e rg : 26 m. end., 2 m. ensemble à l'end., 3 m. end., 2 m. ensemble à l'end., 26 m. end.
3e rg : 1 m. end., * 2 m. ensemble à l'end., 22 m. end., 2 m. ensemble à l'end. *, 3 m. end. Répéter une autre fs de * à *, 1 m. end.
4e rg : 23 m. end., 2 m. ensemble à l'end., 3 m. end., 2 m. ensemble à l'end., 23 m. end.
5e rg : 1 m. end., * 2 m. ensemble à l'end., 19 m. end., 2 m. ensemble à l'end. *, 3 m. end. Répéter une autre fs de * à *, 1 m. end.
6e rg : rab.

Deuxième bottine
Tric. la deuxième bottine semblable.

MONTAGE
Fermer la jambe et le dessous du pied (voir p. 9).
Rentrer tous les fils.

Chaussons à barrettes

Cette forme est très populaire. La languette en T garantit la bonne tenue du chausson sur les pieds des bébés les plus remuants.

TAILLE
6 à 9 mois

FOURNITURES
Fil à tricoter 100 % coton, 115 m pour 50 g : 1 pel. lilas
2 aig. n° 3,5
Épingle de sûreté
2 petits boutons

ÉCHANTILLON
24 m. et 30 rgs = 10 cm tric. en jersey end. avec les aig. n° 3,5.

ABRÉVIATIONS
Voir p. 116

Pied droit
SEMELLE

Monter 19 m. et tric. au point de riz.
Augm. 1 m. à chaque extrémité des 2, 4 et 6e rgs = 25 m.
Tric. 3 rgs. puis dim. 1 m. à ch. extrémité des 10, 12 et 14e rgs = 19 m.
15e rg : au point de riz. Ajouter 6 m. à la fin du rg.

DESSUS

1er rg : à l'end.
2e rg : 1 augm. dans la 1re m., à l'env. sur tout le rg.
3e au 6e rg : répéter 2 fs les rgs 1 et 2.
7e rg : à l'end.
8e rg : 1 augm. dans la 1re m., 10 m. env., 17 m. point de riz.
9e rg : 17 m. point de riz, 12 m. end.
10e rg : 1 augm. dans la 1re m., 11 m. env., 17 m. point de riz = 30 m.
11e rg : rab. 10 m., 3 m. point de riz, rab. 2 m, 2 m. point de riz, 13 m. end.
12e rg : 13 m. env., 2 m. point de riz, glisser 3 m. sur l'épingle de sûreté
13e rg : 2 m. point de riz, 13 m. end.
14e au 21e rg : répéter 4 fs les 12 et 13e rgs, en plaçant des repères sur la dernière m. des 16, 17 et 18e rgs.
22e rg : 13 m. env., 2 m. point de riz, ajouter 15 m.
23e rg : 17 m. point de riz, 13 m. end.
24e rg : 2 m. ensemble à l'env., 11 m. env., 17 m. point de riz.
25e rg : 17 m. point de riz, 12 m. end.
26e rg : 2 m. ensemble à l'env., tric. à l'env. jusqu'à la fin du rg.
27e au 32e rg : tric. en jersey end. en dim. 1 m. au début de ch. rg env. = 25 m.
33e rg : rab.

BARRETTE A

Glisser les 3 m. en attente sur une aig.
1er au 15e rg : au point de riz.
16e rg : 1 m. point de riz, rab. 1 m., 1 m. point de riz.
17e rg : 1 m. point de riz, 1 jeté, 1 m. point de riz.
18e et 19e rgs : 3 m. point de riz.
20e rg : rab.

BARRETTE B

En trav. sur l'end., relever 3 m. sur les 16, 17 et 18e rgs (repères).
Tric. 20 rgs au point de riz et rab.

Pied gauche
SEMELLE

Comme pour le pied droit.

DESSUS

Inverser ainsi le trav. en jersey :
1er rg : à l'env.
2e rg : 1 augm. dans la 1re m. à l'end. jusqu'à la fin du rg.
8e rg : 1 augm. dans la 1re m., 10 m. end., 17 m. point de riz.

MONTAGE

Fermer le talon. Épingler régulièrement le dessus autour de la semelle et le coudre. Rentrer tous les fils. Plier la barrette B en 2 pour former une boucle et la coudre sur l'env. Glisser la barrette A dans la boucle. Coudre les boutons (voir p.9).

CHAUSSONS DE BÉBÉS

Chaussettes à pois

Amusantes et pratiques, ces chaussettes seront jolies dans presque toutes les combinaisons de couleurs ; aussi sont-elles parfaites pour utiliser les restes de fils.

TAILLE
3 à 6 mois

FOURNITURES
Fil à tricoter 100 % laine mérinos, 183 m pour 50 g : 1 pel. bleu (B) et 1 pel. écru (E)
Un jeu de 4 aig. n° 3

ÉCHANTILLON
28 m. et 38 rgs = 10 cm tricotés en jersey endroit avec les aig. n° 3

ABRÉVIATIONS
Voir p. 116

CONSEIL
Placer un anneau marqueur pour repérer le début du tour.

TIGE
Monter 32 m. B, les répartir sur 3 aig. : 10 m., 10 m. et 12 m.
Tric. en tournant 3 tours de côtes 1/1.
Cont. en jersey end. en tric. tous les tours à l'end.

CHAUSSONS DE BÉBÉS

4ᵉ tour : en B.
5ᵉ tour : * 2 m. E, 6 m. B *.
6ᵉ et 7ᵉ tours : * 3 m. E, 4 m. B, 1 m. E *.
8ᵉ tour : comme le 5ᵉ.
9ᵉ tour : en B.
10ᵉ tour : * 4 m. B, 2 m. E, 2 m. B *.
11ᵉ et 12ᵉ tours : * 3 m. B, 4 m. E, 1 m. B *.
13ᵉ tour : comme le 10ᵉ.
14ᵉ au 18ᵉ tour : répéter du 4ᵉ au 8ᵉ tour.

DÉPART DU TALON

19ᵉ tour : en B, 15 m., tourner, pour le dessus de pied glisser les autres m. sur une aig. auxiliaire.
Tric. 7 rgs de jersey end. sur ces 15 m., en comm. par 1 rg env.

MISE EN FORME DU TALON

1ᵉʳ rg : 9 m. end., tourner.
2ᵉ rg : 1 m. glissée, 2 m. env., tourner.
3ᵉ rg : 1 m. glissée, 1 m. end., 1 m. glissée, 1 m. end., rab. la m. glissée sur la m. tric., 1 m. end., tourner.
4ᵉ rg : 1 m. glissée, 2 m. env., 2 m. ensemble à l'env., 1 m. env., tourner.
5ᵉ rg : 1 m. glissée, 3 m. end., 1 m. glissée, 1 m. end., rab. la m. glissée sur la m. tric., 1 m. end., tourner.
6ᵉ rg : 1 m. glissée, 4 m. env., 2 m. ensemble à l'env., 1 m. env., tourner.
7ᵉ rg : 1 m. glissée, 5 m. end., 1 m. glissée, 1 m. end., rab. la m. glissée sur la m. tric., 1 m. end., tourner.
8ᵉ rg : 1 m. glissée, 6 m. env., 2 m. ensemble à l'env., 1 m. env.
Couper le fil.

Bottines en dentelle

La fleur en dentelle apporte à ce modèle une touche raffinée, sans être trop précieuse.

TAILLE
3 à 6 mois

FOURNITURES
Fil à tricoter 100 % laine mérinos, 183 m pour 50 g : 1 pel. écru (E) et 1 pel. rose (R)
2 aig. n° 3
100 cm de ruban

ÉCHANTILLON
28 m. et 38 rgs = 10 cm tricotés en jersey endroit avec les aig. n° 3

ABRÉVIATIONS
Voir p. 116

TIGE
Monter 41 m. R et tric. 10 rgs de jersey end.
Prendre E et tric. 6 rgs.
7e rg : 2 m. end., * 1 jeté, 2 m. ensemble à l'end., 2 m. end.
* 9 fs, 1 jeté, 2 m. ensemble à l'end., 1 m. end.
Tric. encore 3 rgs.

DESSUS DE PIED
28 m. end., tourner, 15 m. env., tourner.
Tric. 6 rgs sur ces 15 m.
7e rg : 7 m. end., 1 jeté, 1 m. glissée, 1 m. end., rab. la m. glissée sur la m. tric., 6 m. end.
8e rg et ts les rgs pairs suivants : à l'env.
9e rg : 4 m. end., 2 m. ensemble à l'end., 1 jeté, 3 m. end., 1 jeté, 1 m. glissée, 1 m. end., rab. la m. glissée sur la m. tric., 4 m. end.

11e rg : 3 m. end., 2 m. ensemble à l'end., 1 jeté, 2 m. end., 1 jeté, 1 m. glissée, 1 m. end., rab. la m. glissée sur la m. tric., 1 m. end., 1 jeté, 1 m. glissée, 1 m. end., rab. la m. glissée sur la m. tric., 3 m. end.
13e rg : comme le 9e.
15e rg : comme le 7e.
Tric. encore 7 rgs. Couper le fil.
En trav. sur l'end., reprendre 13 premières m. en attente, relever 11 m. E sur la lisière du dessus, reprendre les 15 m. du bout du pied, relever 11 m. sur l'autre lisière et reprendre les 13 dernières m. en attente = 63 m.
Tric. 13 rgs end.

SEMELLE
1er rg : 1 m. end., * 2 m. ensemble à l'end., 25 m. end., 2 m. ensemble à l'end. *, 3 m. end. Répéter une autre fs de * à *, 1 m. end.
2e rg : 26 m. end., 2 m. ensemble à l'end., 3 m. end., 2 m. ensemble à l'end., 26 m. end.
3e rg : 1 m. end., * 2 m. ensemble à l'end., 22 m. end., 2 m. ensemble à l'end. *, 3 m. end. Répéter une autre fs de * à *, 1 m. end.
4e rg : 23 m. end., 2 m. ensemble à l'end., 3 m. end., 2 m. ensemble à l'end., 23 m. end.
5e rg : 1 m. end., * 2 m. ensemble à l'end., 19 m. end., 2 m. ensemble à l'end. *, 3 m. end. Répéter une autre fs de * à *, 1 m. end.
6e rg : rab.

Deuxième bottine
Tricoter la deuxième bottine semblable.

MONTAGE
Fermer la jambe et le dessous de pied. Rentrer tous les fils.
Couper le ruban en 2 et le glisser dans les trous pour le nouer devant (*voir p. 116*).

Chaussons de lutin

Parfaits pour votre petit lutin, ces chaussons sont élégants et originaux. Tricotés dans une couleur pâle et lacés avec un ruban, ils iront à merveille aux petites filles.

TAILLE
3 à 6 mois

FOURNITURES
Fil à tricoter 100 % laine mérinos, 120 m pour 50 g : 1 pel. vert, quelques g rouge
2 aig. n° 3,5
Une épingle de sûreté

ÉCHANTILLON
24 m. et 32 rgs = 10 cm tricotés en jersey endroit avec les aig. n° 3,5

ABRÉVIATIONS
Voir p. 116

SEMELLE
Comm. par le bout du pied. Monter 2 m.
Tric. au point de riz en augm. 1 m. à ch. extrémité des 1, 3 et 5e rgs.
Cont. jusqu'à 7 cm de haut. tot. puis dim.1 m. à ch. extrémité du rg suiv. et ts les 2 rgs jusqu'à ce qu'il ne reste que 2 m. Rab.

DESSUS
Comm. par le bout du pied. Monter 2 m.
1er rg : 1 augm. dans ch. m.
2e rg : 1 m. end., 1 augm. dans les 2 m. suiv., 1 m. end.
3e rg : à l'env.
4e rg : 1 m. end., 1 augm. dans les 4 m. suiv., 1 m. end.
5e rg : à l'env.
6e rg : 3 m. end., 1 augm. dans les 4 m. suiv., 3 m. end.
7e rg : à l'env.
8e rg : 5 m. end., 1 augm. dans les 4 m. suiv., 5 m. end. = 18 m.
9e rg : 4 m. env., 10 m. point de riz, 4 m. env.
10e rg : 4 m. end., 10 m. point de riz, 4 m. end.
11e rg : comme le 9e.
12e rg : 4 m. end., 3 m. point de riz, rab. 4 m., 3 m. point de riz, 4 m. end.
13e rg : 4 m. env., 3 m. point de riz.
14e rg : 3 m. point de riz, 4 m. end.
15e rg : 4 m. env., 1 m. end., 1 jeté, 2 m. ensemble à l'end.
16e rg : comme le 14e.
17e au 22e rg : répéter 3 fs les 13 et 14e rgs
23e et 24e rgs : comme le 15e et le 16e
25e rg : 4 m. env., glisser 3 m. sur l'épingle de sûreté
Tric. 10 rgs en jersey end.
Rab.
Reprendre les m. en attente et faire le même trav.
Fermer le talon.

TIGE
En trav. sur l'end., reprendre les 3 m. de l'épingle de sûreté en les tric. au point de riz, relever 9 m. jusqu'à la couture, 1 m. sur la couture, 9 m. jusqu'à l'épingle, reprendre les 3 autres m. en attente en les tric. au point de riz.
1er au 4e rg : 3 m. point de riz, 19 m. côtes 1/1, 3 m. point de riz.
5e rg : 2 m. ensemble à l'end., 1 jeté, 1 m. point de riz, 19 m. côtes 1/1, 1 m. point de riz, 1 jeté, 2 m. ensemble à l'end.
6e au 10e rg : répéter 5 fs le 1er rg.
11e rg : comme le 5e.
12e et 13e rgs : rab. 3 m. au début du rg.
14e rg : 3 m. point de riz, tric. à l'env. jusqu'aux 3 dernières m., 3 m. point de riz.
15e rg : 3 m. point de riz, 1 augm. intercalaire, tric. à l'end. jusqu'aux 3 dernières m., 1 augm. intercalaire, 3 m. point de riz.
16e rg : comme le 14e.
17e rg : 3 m. point de riz, tric. à l'end. jusqu'aux 3 dernières m., 3 m. point de riz.
18e rg : 3 m. point de riz, 1 augm. intercalaire, tric. à l'env. jusqu'aux 3 dernières m., 1 augm. intercalaire, 3 m. point de riz.
19e et 20e rgs : comme le 15e et les 16e.
21e au 23e rg : au point de riz.
24e rg : rab.

Deuxième chausson
Tricoter le deuxième chausson semblable.

MONTAGE
Rentrer tous les fils. Pour les lacets, tresser 3 longueurs de fils rouges en nouant les extrémités pour éviter qu'elles ne se défassent. Passer les lacets dans les trous (voir p. 9).

CHAUSSONS DE BÉBÉS

Chaussons en vichy

Ces jolis chaussons, fermés avec un ruban aérien, seront parfaits pour une petite princesse. Leur motif jacquard les réserve aux tricoteuses averties.

TAILLE
6 à 9 mois

FOURNITURES
Fil à tricoter 100 % coton, 115 m pour 50 g : 1 pel. rose (R),
1 pel. blanc (B)
2 aig. n° 3
40 cm de ruban

ÉCHANTILLON
26 m. et 34 rgs = 10 cm tricotés en jersey end. jacquard avec les aig. n° 3.

ABRÉVIATIONS
Voir p. 116

SEMELLE
Monter 24 m. R et tric. au point de riz.
Augm. 1 m. à ch. extrémité des 2, 4, 6 et 8e rgs = 32 m.
Tric. 3 rgs. Dim. 1 m. à ch. extrémité des 12, 14, 16 et 18e rgs = 24 m.
19e rg : au point de riz, ajouter 8 m.

DESSUS
Cont. en jersey end.
1er rg : * 3 m. R, 3 m. B * Répéter jusqu'aux 2 dernières m., 2 m. R.
2e rg : 1 augm. dans la 1re m., 1 m. R, * 3 m. B, 3 m. R * Répéter jusqu'à la fin du rg.
3e rg : * 3 m. R, 3 m. B * Répéter jusqu'aux 3 dernières m., 3 m. R
4e rg : 1 augm. dans la 1re m., 2 m. R, * 3 m. B, 3 m. R * Répéter jusqu'à la fin du rg.
5e rg : * 3 m. B, 3 m. R * Répéter jusqu'aux 4 dernières m., 3 m. B, 1 m. R.
6e rg : 1 augm. dans la 1re m., * 3 m. B, 3 m. R * Répéter jusqu'aux 3 dernières m., 3 m. B.
7e rg : * 3 m. B, 3 m. R. * Répéter jusqu'aux 5 dernières m., 3 m. B, 2 m. R.
8e rg : 1 augm. dans la 1re m., 1 m. R, * 3 m. B, 3 m. R * Répéter jusqu'aux 3 dernières m., 3 m. B.
9e rg : * 3 m. R, 3 m. B * Répéter jusqu'à la fin du rg.
10e rg : 1 augm. dans la 1re m., 2 m. B, * 3 m. R, 3 m. B * 2 fs, 21 m. R.
11e rg : avec R : * 1 m. end., 1 m. env. * 6 fs, 1 jeté, 2 m. ensemble à l'env., * 1 m. end., 1 m. env. * 3 fs, puis à l'end. : * 3 m. B, 3 m. R * 2 fs, 3 m. B, 1 m. R.
12e rg : 1 augm. dans la 1re m., puis à l'env. * 3 m. B, 3 m. R *2 fs, 3 m. B, avec R : * 1 m. end., 1 m. env. * Répéter jusqu'à la dernière m., 1 m. end.
13e rg : avec R, rab. 18 m., 1 m. end., 1 m. env., 1 m. end., puis à l'end. : * 3 m. R, 3 m. B * 2 fs, 3 m. R, 2 m. B.
14e rg : à l'env. : 2 m. B, * 3 m. R, 3 m. B * 2 fs, puis avec R : 3 m. env., 1 m. end., 1 m. env., 1 m. end.
15e rg : avec R : 1 m. end., 1 m. env., 4 m. end., puis à l'end.* 3 m. B, 3 m. R * 2 fs, 2 m. B.
16e au 24e rg : cont. à former le vichy (damiers de 3 m. et 4 rgs) avec une bordure de 3 m. R au point de riz.
25e rg : monter 18 m. R et tric. : * 1 m. end., 1 m. env. * 6 fs, 1 jeté, 2 m. ensemble à l'env., * 1 m. end., 1 m. env. * 3 fs, 1 m. end., puis en tric. à l'end. : * 3 m. B, 3 m. R * 2 fs, 3 m. R, 2 m. B.
26e rg : 2 m. ensemble à l'env. M, * 3 m. B, 3 m. R * 2 fs, 3 m. B, 21 m. point de riz R.
27e rg : avec m. 21 m. point de riz, puis à l'end. : * 3 m. B, 3 m. R * 2 fs, 3 m. B, 1 m. R.
28e rg : 2 m. ensemble à l'env. B, 2 m. env. B, * 3 m. R, 3 m. B * Répéter jusqu'à la fin du rg.
29e au 36e rg : répéter les 8 rgs du vichy en faisant 1 dim. au début de ch. rg env.
37e rg : rab.

BORDURE
En trav. sur l'end., relever 21 m. R de l'arrière jusqu'à l'avant, 12 m. sur la lisière du vichy et 21 m. de l'avant jusqu'à l'arrière. Trav. ainsi :
1er rg : 12 m. point de riz, 1 dim., 1 jeté, 6 m. point de riz, 1 dim., 10 m. point de riz, 1 dim., 6 m. point de riz, 1 jeté, 1 dim., 12 m. point de riz.
2e rg : au point de riz.
3e rg : rab.

Deuxième chausson
Tricoter le deuxième chausson semblable.

MONTAGE
Fermer l'arrière. Épingler régulièrement le dessus autour de la semelle et le coudre. Rentrer tous les fils. Couper le ruban en 2 et le glisser dans les trous pour le nouer sur le dessus (voir p. 9).

CHAUSSONS DE BÉBÉS

Bottines en dentelle et jacquard

Le mélange de la dentelle de la tige et du motif placé fait de ce modèle de bottines un bon exercice pour les tricoteuses chevronnées.

TAILLE
3 à 6 mois (6 à 9 mois)

FOURNITURES
Fil à tricoter 100 % laine, 170 m. pour 50 g : 1 pel. écru (E), quelques g rouge (R)
2 aig. n° 2,5 et n° 3
100 cm de ruban

ÉCHANTILLON
28 m. et 38 rgs = 10 cm tricotés en jersey endroit avec les aig. n° 3

ABRÉVIATIONS
Voir p. 116

TIGE
Monter 51 m. R, aig. n° 3.
Prendre E.
1er rg : à l'end.
2e rg : 2 m. end., 1 jeté, 2 m. end., 1 m. glissée, 2 m. ensemble à l'end., rab. la m. glissée sur les m. tric., 2 m. end., * 1 jeté, 1 m. end., 1 jeté, 2 m. end., 1 m. glissée, 2 m. ensemble à l'end., rab. la m. glissée sur les m., 2 m. end. * 5 fs, 1 jeté, 2 m. end.
3e au 18e rg : répéter 8 fs les 1 et le 2e rgs.
19e rg : à l'end.
20e rg : prendre les aig. n° 2,5 : 2 m. env., * 2 m. ensemble à l'env., 3 m. env. * 9 fs, 2 m. ensemble à l'env., 2 m. env. = 41 m.
Cont. en jersey end. Tric. 2 rgs.
3e rg : 2 m. end., * 1 jeté, 2 m. ensemble à l'end., 2 m. end. * 9 fs, 1 jeté, 2 m. ensemble à l'end., 1 m. end.
Tric. encore 3 rgs.

DESSUS DE PIED
28 m. end., tourner, 15 m. env., tourner. Tric. 6 (8) rgs sur ces 15 m.
7e (9e) rg : comm. le motif en cœur en suiv. la grille ci-contre : 5 m. E, 2 m. R, 1 m. E, 2 m. R, 5 m. E . Cont. en suiv. la grille.
Quand le cœur est term., pour le bout du pied, tric. encore 2 (4) rgs, puis couper le fil.
En trav. sur l'end., reprendre les 13 premières m. en attente, relever 11 (16) m. E sur la lisière du dessus de pied, reprendre les 15 m. du bout du pied, relever 11 (16) m. sur l'autre lisière et reprendre les 13 dernières m. = 63 (73) m.
Tric. 13 rgs end.

SEMELLE
1er rg : 1 m. end., * 2 m. ensemble à l'end., 25 (30) m. end., 2 m. ensemble à l'end. *, 3 m. end. Répéter une autre fs de * à *, 1 m. end.
2e rg : 26 (31) m. end., 2 m. ensemble à l'end., 3 m. end., 2 m. ensemble à l'end., 26 (31) m. end.
3e rg : 1 m. end., * 2 m. ensemble à l'end., 22 (27) m. end., 2 m. ensemble à l'end. *, 3 m. end. Répéter une autre fs de * à *, 1 m. end.
4e rg : 23 (28) m. end., 2 m. ensemble à l'end., 3 m. end., 2 m. ensemble à l'end., 23 (28) m. end.
5e rg : 1 m. end., * 2 m. ensemble à l'end., 19 (24) m. end., 2 m. ensemble à l'end. *, 3 m. end. Répéter une autre fs de * à *, 1 m. end.
6e rg : rab.

Deuxième bottine
Tric. la deuxième bottine semblable.

MONTAGE
Fermer la jambe et la semelle. Rentrer tous les fils.
Couper le ruban en 2 et le glisser dans les trous pour le nouer devant (voir p. 9).

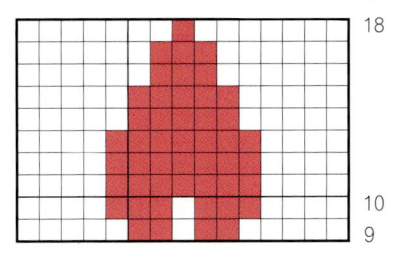

☐ E ◼ R

Chaussons de pirate

Ce modèle rayé est parfait pour les petits garçons téméraires. Tricotés en laine, ces chaussons garderont les petits pieds au chaud lors des promenades les jours de grand vent !

TAILLE
3 à 6 mois

FOURNITURES
Fil à tricoter 100 % mérinos, 120 m pour 50 g : 1 pel. bleu (B), 1 pel. écru (E), 1 pel. rouge (R).
2 aig. n° 3,5

ÉCHANTILLON
24 m. et 32 rgs = 10 cm tricotés en jersey endroit avec les aig. n° 3,5

ABRÉVIATIONS
Voir p. 116

SEMELLE
Elle est comm. par le talon. Monter 3 m. R et tric. au point de riz.
Augm. 1 m. à ch. extrémité des 2, 3, 5, 6 et 8e rgs = 13 m.
Cont. droit jusqu'au 36e rg, puis dim. 1 m. à ch. extrémité du rg suiv. et ts les 2 rgs jusqu'à ce qu'il ne reste que 5 m.
Rg suiv. : à l'env.
Cont. en jersey end. en alternant 4 rgs E et 4 rgs B tout en faisant le trav. indiqué sur les rgs précisés ci-dessous.

DESSUS
1er rg : 1 augm. dans les 4 premières m., 1 m. end. = 9 m.
3e rg : 1 m. end., 1 augm. dans les 2 m. suiv., 2 m. end., 1 augm. dans la m. suiv., dans les 2 m. suiv., 2 m. end. = 13 m.
5e rg : 2 m. end., 1 augm. dans les 2 m. suiv., 4 m. end., 1 augm. dans la m. suiv., dans les 2 m. suiv., 3 m. end. = 17 m.
7e rg : 3 m. end., 1 augm. dans la m. suiv., 8 m. end., 1 augm. dans la m. suiv., 4 m. end. = 19 m.
10e rg : * 2 m. env., 1 augm. dans la m. suiv. * 2 fs, 6 m. env., * 1 augm. dans la m. suiv., 2 m. env. * 2 fs, 1 m. env. = 23 m.
25e rg : 10 m. end., rab. 3 m., 10 m. end.
Cont. sur ces 10 dernières m.
27e rg : 1 m. end., 2 m. ensemble à l'end., tric. à l'end. jusqu'à la fin du rg.
29e rg : comme le 27e.
31e rg : comme le 29e = 7 m.
Cont. jusqu'au 46e rg.
Rab.
Reprendre le trav. sur les m. en attente au centre, sur l'env.
26e rg : à l'env.
27e rg : à l'end. jusqu'aux 3 dernières m., 1 m. glissée, 1 m. end., rab. la m. glissée sur la m. tric., 1 m. end.
Cont. les dim. comme ci-dessus pour amener le travail au même niveau que l'autre côté.

TIGE
En trav. sur l'end., relever 35 m. R autour de la cheville.
Tric. 11 rgs de côtes 1/1 et rab.

Deuxième chausson
Tricoter le deuxième chausson semblable.

MONTAGE
Fermer la tige et le talon. Épingler régulièrement le dessus autour de la semelle et le coudre (voir p. 9).
Rentrer tous les fils.

CHAUSSONS DE BÉBÉS

Chaussons « moutons »

Douces et mousseuses, ces bottines seront particulièrement jolies sur les pieds de votre petit agneau. Les rubans de la tige les maintiendront bien en place.

TAILLE
3 à 6 mois

FOURNITURES
Fil à tricoter 100 % mérinos, 120 m pour 50 g : 1 pel. noir (N), 1 pel. écru (E)
2 aig. n° 3,5, 2 aig. n° 4,5
76 cm de ruban

ÉCHANTILLON
16 m. et 26 rgs = 10 cm tric. en jersey endroit jacquard avec E et les aig. n° 4,5

ABRÉVIATIONS
Voir p. 116

SEMELLE
Monter 3 m. N, aig. n° 3,5. Tric. au point mousse.
Augm. 1 m. à ch. extrémité du 1er rg, puis ts les 2 rgs jusqu'à 9 m.
Cont. droit jusqu'à 9 cm de haut. tot.
Dim. 1 m. à ch. extrémité du rg suiv., puis ts les 2 rgs jusqu'à 3 m.
Rab.

ARRIÈRE ET TALON
Monter 18 m. E, aig. n° 4,5. Tric. 6 rgs de jersey end.
7e au 10e rg : en côtes 1/1
Tric. encore 10 rgs en jersey end. en augm. 1 m. à ch. extrémité des 1, 3 et 5e rgs.
Rab.

DESSUS ET BOUT DU PIED
Monter 8 m. E, aig. n° 4,5.
1er rg : 2 m. end., 1 augm. dans chacune des 3 m. suiv., 3 m. end.
2e rg : à l'env.
3e rg : 2 m. end., 1 augm. dans chacune des 6 m. suiv., 3 m. end. = 17 m.
4e rg : à l'env.
Tric. encore 15 rgs en jersey end.
20e rg : rab. en tric. les m. à l'end.
Poser un repère sur les 7 et 10e m. (*C1 et C2 sur la fig. 2, p. 117*).

OREILLES (× 2)
Monter 8 m. N, aig. n° 3,5. Tric. 5 rgs de jersey end.
Dim. 1 m. à ch. extrémité des 2 rgs suiv.
Tric. 1 rg.
Augm. 1 m. à ch. extrémité des 2 rgs suiv.
Tric. encore 4 rgs. Rab.

Deuxième chausson
Tricoter le deuxième chausson semblable.

MONTAGE
Voir fig. 1 et 2, p. 117
Le dessus/ bout du pied est monté, envers du point à l'extérieur.
Plier le dessus en 2 et réunir les points A et A du rg de montage pour fermer le bout du pied.
L'arrière/talon est monté, endroit du point à l'extérieur.
Réunir l'arrière/talon au-devant en cousant B1-C1 et B2-C2 (*fig. 1 et 2*).
Coudre le dessus à la semelle.
Rentrer tous les fils.
Plier les oreilles en 2, coudre les côtés, puis les coudre sur les chaussons.
Broder les yeux et le museau à points lancés N.
Retourner le haut du chausson autour de la cheville pour former un revers et le coudre à points souples.
Couper le ruban en 2 et le glisser dans le revers (*voir p. 9*).

Bottines aux chevrons

Avec leur revers dentelé et leur bordure festonnée, ces bottines conviennent autant pour les grandes occasions que pour la vie de tous les jours.

TAILLE
Naissance à 3 mois (3 à 6 mois)

FOURNITURES
Fil à tricoter 100 % coton, 170 m pour 50 g : 1 pel. bleu pâle (P), quelques g blanc (B)
2 aig. n° 3

ÉCHANTILLON
28 m. et 38 rgs = 10 cm tricotés en jersey endroit avec les aig. n° 3

ABRÉVIATIONS
1 AI : soulever le fil tendu entre les m., le placer sur l'aig. gauche et le tric. à l'end. en le tordant pour éviter la formation d'un trou (= augm. intercalaire)
Voir également p. 116

TIGE
Monter 51 m. B. Prendre P et trav. ainsi :
1er rg (env.) : à l'env.
2e rg : 1 m. end., 2 m. ensemble à l'env., * 2 m. end., 1AI, 1 m. end., 1 AI, 2 m. end., 1 m. glissée, 2 m. ensemble à l'end., rab. la m. glissée sur les m. tric. * 5 fs, 2 m. end., 1 AI, 1 m. end., 1 AI, 2 m. end., 1 m. glissée, 1 m. end., rab. la m. glissée sur la m. tric., 1 m. end.
Répéter les 1 et le 2e rgs jusqu'à 4 cm de haut. tot. en term. par le 2e rg.
Rg suiv. : * 2 m. env., 2 m. ensemble à l'env., 1 m. env. * Répéter jusqu'à la dernière m., 1 m. env. = 41 m.
Tric. 3 cm de côtes 1/1 en term. par un rg sur l'end.
En comm. sur l'env., tric. 4 rgs de jersey end. (le 1er rg est donc à l'end.)

DESSUS DU PIED
Tric. 28 m. end., tourner, tric. 15 m. env. Tourner.
Tric. 16 (22) rgs sur ces 15 m.
Couper le fil.
En trav. sur l'end., reprendre les 13 premières m. en attente, à la suite relever 11 (17) m. P sur la lisière du dessus, reprendre les 15 m. du bout, relever 11 (17) m. sur l'autre lisière et reprendre les 13 dernières m. en attente = 63 (75) m.
Tric. 13 rgs à l'end.

SEMELLE
1er rg : 1 m. end., * 2 m. ensemble à l'end., 25 (31) m. end., 2 m. ensemble à l'end. * 3 m. end. Répéter une autre fs de * à *, 1 m. end.
2e rg : 26 (32) m. end., 2 m. ensemble à l'end., 3 m. end., 2 m. ensemble à l'end., 26 (32) m. end.
3e rg : 1 m. end., * 2 m. ensemble à l'end., 22 (28) m. end., 2 m. ensemble à l'end. * 3 m. end. Répéter une autre fs de * à *, 1 m. end.
4e rg : 23 (29) m. end., 2 m. ensemble à l'end., 3 m. end., 2 m. ensemble à l'end., 23 (29) m. end.
5e rg : 1 m. end., * 2 m. ensemble à l'end., 19 (25) m. end., 2 m. ensemble à l'end. * 3 m. end. Répéter une autre fs de * à *, 1 m. end.
6e rg : rab.

Deuxième bottine
Tricoter la deuxième bottine semblable.

MONTAGE
Fermer la jambe et la semelle (voir p. 9). Rentrer tous les fils.

Chaussettes aux fleurs de lys

Ce motif traditionnel des « Fair Isle », un peu plus compliqué, est parfait pour les tricoteuses expérimentées.

TAILLE
3 à 6 mois

FOURNITURES
Fil à tricoter 100 % laine mérinos, 183 m pour 50 g : 1 pel. écru (E), quelques g rouge (R) et bleu (B)
1 jeu de 4 aig. n° 3

ÉCHANTILLON
28 m. et 38 rgs = 10 cm tricotés en jersey endroit avec les aig. n° 3

ABRÉVIATIONS
Voir p. 116

CONSEIL
Poser un anneau marqueur pour repérer le début du tour.

TIGE
Monter 32 m. B, les répartir sur 3 aig. (10, 10 et 12).
Tric. en tournant 5 tours de côtes 1/1.
En tric. à l'end. :
6e tour : * 3 m. E, 1 m. R *.
7e tour : * 1 m. R, 1 m. E, 2 m. R *.
8e tour : comme le 6e.
9e tour : * 1 m. E, 1 m. B, 2 m. E *.
10e tour : * 3 m. B, 1 m. E *.
11e tour : comme le 9e.
12e au 17e tour : comme du 6e au 11e.
18e au 20e rg : comme du 6e au 8e.

DÉPART DU TALON
21e tour : avec B, tric. 15 m. end., pour le dessus de pied laisser les m. suiv. en attente sur les aig.
Sur ces 15 m. tric. 7 rgs de jersey end. en comm. par 1 rg env.

MISE EN FORME DU TALON
1er rg : 9 m. end., tourner.
2e rg : 1 m. glissée, 2 m. env., tourner.
3e rg : 1 m. glissée, 1 m. end., 1 m. glissée, 1 m. end., rab. la m. glissée sur la m. tric., 1 m. end., tourner.
4e rg : 1 m. glissée, 2 m. env., 2 m. ensemble à l'env., 1 m. env., tourner.
5e rg : 1 m. glissée, 3 m. end., 1 m. glissée, 1 m. end., rab. la m. glissée sur la m. tric., 1 m. end., tourner.
6e rg : 1 m. glissée, 4 m. env., 2 m. ensemble à l'env., 1 m. env., tourner.
7e rg : 1 m. glissée, 5 m. end., 1 m. glissée, 1 m. end., rab. la m. glissée sur la m. tric., 1 m. end., tourner.
8e rg : 1 m. glissée, 6 m. env., 2 m. ensemble à l'env., 1 m. env.
Couper le fil.
Relever 6 m. B sur le côté du talon, tric. à l'end. 9 m. de l'aig., relever 6 m. sur l'autre côté du talon. Couper le fil.
En trav. sur l'end. retourner à l'anneau marqueur. Prendre la dernière m. du dernier tour et la passer sur l'aig. gauche pour qu'elle devienne la première m. du tour.
Cont. ainsi :
1er tour : 1 m. glissée, 1 m. B, rab. la m. glissée sur la m. tric., * 3 m. E, 1 m. B* 4 fs, 3 m. E, 2 m. ensemble B, 1 m. E, *1 m. B, 3 m. E * 3 fs, 1 m. B, 1 m. E.
2e tour : 1 m. glissée, 1 m. B, rab. la m. glissée sur la m. tric., * 1 m. E, 3 m. B * 4 fs, 1 m. E, 2 m. ensemble E, * 3 m. B, 1 m. E * 3 fs, 3 m. B.
3e tour : 1 m. glissée, 1 m. E, rab. la m. glissée sur la m. tric., 1 m. E, * 1 m. B, 3 m. E * 3 fs, 1 m. B, 1 m. E, 2 m. ensemble E, 1 m. E, * 1 m. B, 3 m. E * 3 fs, 1 m. B, 1 m. E.
4e au 24e rg : cont. à former les motifs.
Couper E et R.

BOUT DU PIED
Avec B :
1er tour : à l'end.
2e tour : * 2 m. ensemble à l'end., 12 m. end., 1 m. glissée, 1 m. end., rab. la m. glissée sur la m. tric. * 2 fs.
3e tour : à l'end.
4e tour : * 2 m. ensemble à l'end., 10 m. end., 1 m. glissée, 1 m. end., rab. la m. glissée sur la m. tric. * 2 fs.
5e tour : à l'end.
6e tour : * 2 m. ensemble à l'end., 8 m. end., 1 m. glissée, 1 m. end., rab. la m. glissée sur la m. tric. * 2 fs.
7e tour : à l'end.
8e tour : rab.

Deuxième chaussette
Tricoter la deuxième chaussette semblable.

MONTAGE
Fermer le bout du pied (*voir p. 9*).
Rentrer tous les fils.

Chaussons noués

À la fois modernes et très confortables, ces adorables chaussons s'attachent tout simplement sur le dessus du pied de bébé et s'y adaptent à merveille.

TAILLE
3 à 6 mois

FOURNITURES
Fil à tricoter 70 % kid mohair, 30 % soie, 210 m pour 25 g :
1 pel. orange
2 aig. n° 3

ÉCHANTILLON
Tout le travail est réalisé en utilisant le fil en double.
28 m. et 28 rgs = 10 cm tricotés au point mousse avec les aig. n° 3

ABRÉVIATIONS
Voir p. 116

SEMELLE
Monter 24 m. et tric. au point mousse.
Augm. 1 m. à ch. extrémité des 2, 4, 6 et 8e rgs = 32 m.
Tric. 3 rgs. Dim. 1 m. à ch. extrémité des 12, 14, 16 et 18e rgs = 24 m.
19e rg : ajouter 8 m. à la fin du rg.

DESSUS
1er rg : à l'end.
2e rg : 1 augm. dans la 1re m., à l'end. jusqu'à la fin du rg.
3e au 12e rg : répéter 5 fs les 1 et le 2e rgs = 38 m.
13e rg : rab. 19 m., puis tric. à l'end. jusqu'à la fin du rg.
14e au 25e rg : à l'end.
26e rg : à l'end. en ajoutant 19 m. à la fin du rg.
27e rg : à l'end.
28e rg : 2 m. ensemble à l'end., puis tric. à l'end. jusqu'à la fin du rg.
29e au 38e rg : répéter 5 fs les 27 et le 28e rgs.
39e rg : rab.

NŒUDS (× 2)
Monter 40 m.
1er rg : à l'end.
2e rg : rab. 2 m., puis tric. à l'end. jusqu'à la fin du rg.
3e rg : tric. à l'end. jusqu'aux 2 dernières m., 2 m. ensemble à l'end.
4e et 5e rgs : comme le 2e et le 3e.
6e rg : rab.

Deuxième chausson
Tricoter le deuxième chausson semblable.

MONTAGE
Fermer le talon. Épingler régulièrement le dessus autour de la semelle et le coudre. Coudre l'extrémité rectiligne des nœuds à environ 1 cm de l'avant du chausson (voir photo et p. 9). Rentrer tous les fils.

CHAUSSONS DE BÉBÉS

Chaussons « zèbres »

Très « tendance » et audacieuses, ces bottines sont aussi très pratiques : le haut revers les maintient fermement sur les pieds qui gigotent et les jambes qui tricotent.

TAILLE
3 à 6 mois

FOURNITURES
Fil à tricoter 100 % coton, 115 m. pour 50 g : 1 pel. noir (A), 1 pel. écru (B)
2 aig. n° 3

ÉCHANTILLON
26 m. et 34 rgs = 10 cm tricotés en jersey endroit jacquard avec les aig. n° 3

ABRÉVIATIONS
Voir p. 116

SEMELLE
Elle est commencée par le talon. Monter 3 m. A et tric. au point de riz. Augm. 1 m. à ch. extrémité des 2, 3, 5, 6 et 8e rgs = 13 m.
Cont. droit jusqu'au 36e rg.
Dim. 1 m. à ch. extrémité du rg suiv., puis ts les 2 rgs jusqu'à ce qu'il ne reste que 5 m.
Rg suiv. : à l'env.

DESSUS
Cont. en jersey end.
1er rg : 1 augm. dans la m. suiv. A, 1 augm. dans la m. suiv. B, 1 m. A, 1 augm. dans la m. suiv. B, 1 augm. dans la m. suiv. A = 9 m.
2e rg : 2 m. A, 2 m. B, 1 m. A, 2 m. B, 2 m. A.
3e rg : 1 m. A, 1 augm. dans la m. suiv. A, 1 augm. dans la m. suiv. B, 1 m. B, 1 m. A, 1 m. B, 1 augm. dans la m. suiv. B, 1 augm. dans la m. suiv. A, 1 m. A = 13 m.
4e rg : 3 m. A, 2 m. B, 2 m. A, 3 m. B, 3 m. A.
5e rg : 2 m. A, 1 augm. dans la m. suiv. A,, 1 augm. dans la m. suiv. B, 1 m. B, 3 m. A, 1 m. B, 1 augm. dans la m. suiv. B, 1 augm. dans la m. suiv. A, 2 m. A = 17 m.
6e rg : 3 m. A, 3 m. B, 2 m. A, 1 m. B, 2 m. A, 3 m. B, 3 m. A.
7e rg : 3 m. A, 1 augm. dans la m. suiv. B, 4 m. A, 1 m. B, 3 m. A, 1 augm. dans la m. suiv. B, 1 m. B, 3 m. A = 19 m.
8e rg : 2 m. A, 3 m. B, 4 m. A, 2 m. B, 3 m. A, 3 m. B, 2 m. A.
9e rg : 1 m. A, 3 m. B, 4 m. A, 2 m. B, 4 m. A, 3 m. B, 2 m. A.
10e rg : 2 m. A, 1 augm. dans la m. suiv. A, 2 m. A, 1 augm. dans la m. suiv. A, 1 m. B, 2 m. A, 2 m. B, 1 m. A, 1 m. B, 1 augm. dans la m. suiv. A, 2 m. A, 1 augm. dans la m. suiv. B, 2 m. B = 23 m.
11e au 44e rg : trav. en suivant la grille ci-contre.
45e rg : rab.

Reprendre le travail au milieu, sur les m. en attente.
26e rg : en trav. sur l'env. : 1 B, 3 m. A, 1 m. B, 2 m. A.
27e rg : 1 m. B, 3 m. A, 1 m. B, 2 m. A, 1 m. glissée, 1 m. B, rab. la m. glissée sur la m. tric., 1 m. B.
Cont. les dim. pour amener ce côté au même niveau que l'autre.

TIGE
En trav. sur l'end. avec N, relever 35 m. autour de la cheville.
Tric. 26 rgs de côtes 1/1.
Prendre E et tric. 1 rg end. Rab.

Deuxième chausson
Tricoter le deuxième chausson semblable.

MONTAGE
Fermer le revers et le talon. Épingler régulièrement le dessus autour de la semelle et le coudre (voir p. 9). Rentrer tous les fils.

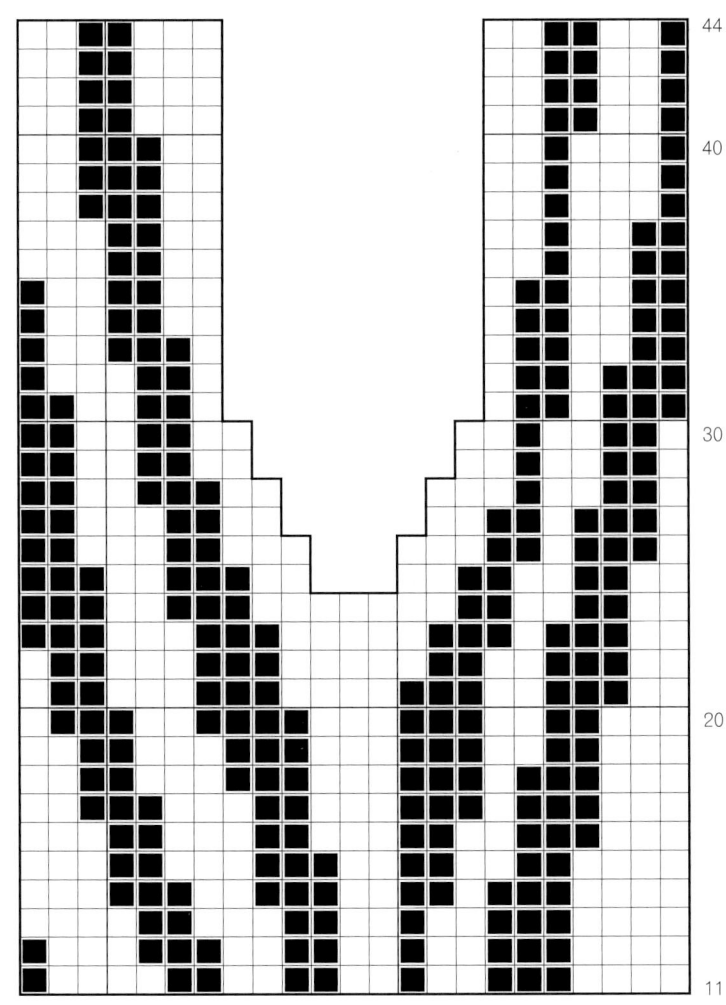

■ A
□ B

CHAUSSONS DE BÉBÉS

Chaussons au cœur

Le classicisme de ces chaussons à barrettes est relevé par ce simple motif de cœur.

TAILLE
3 à 6 mois

FOURNITURES
Fil à tricoter 100 % coton, 115 m pour 50 g : 1 pel. marine (M) et quelques g rouge (R)
2 aig. n° 3
2 petits boutons

ÉCHANTILLON
26 m. et 30 rgs = 10 cm tricotés en jersey end. jacquard avec les aig. n° 3

ABRÉVIATIONS
Voir p. 116

SEMELLE
Monter 19 m. M, tric. au point de riz.
Augm. 1 m. à ch. extrémité des 2, 4 et 6e rgs = 25 m.
Tric. 2 rgs. Dim. 1 m. à ch. extrémité des 9, 11 et 13e rgs = 19 m.
14e rg : rab.

DESSUS
Monter 59 m. M. Trav. ainsi :
1er au 9e rg : * 1 m. end., 1 m. env. * Répéter jusqu'à la dernière m., 1 m. end.
10e rg : en trav. sur l'end., 24 m. point de riz, 10 m. end., 1 m. glissée, 1 m. end., rab. la m. glissée sur la m. tric. Tourner.
11e rg : 1 m. glissée, 9 m. env., 2 m. ensemble à l'env. Tourner.
12e rg : comm. le cœur en suiv. les explications ci-dessous : 1 m. glissée, 4 m. end. M, 1 m. R, 4 m. M, 1 m. glissée, 1 m. end., rab. la m. glissée sur la m. tric. Tourner.
13e rg : 1 m. glissée, à l'env. : 3 m. M, 3 m. E, 3 m. M, 2 m. ensemble à l'env. Tourner.
14e rg : 1 m. glissée, à l'end. : 2 m. M, 5 m. R, 2 m. M, 1 m. glissée, 1 m. end., rab. la m. glissée sur la m. tric. Tourner.
15e rg : 1 m. glissée, à l'env. : 2 m. M, 5 m. R, 2 m. M, 2 m. ensemble à l'env. Tourner.
16e rg : 1 m. glissée, à l'end. : 1 m. M, 7 m. R, 1 m. M, 1 m. glissée, 1 m. end., rab. la m. glissée sur la m. tric. Tourner.
17e rg : 1 m. glissée, à l'env. : 1 m. M, 7 m. R, 1 m. M, 2 m. ensemble à l'env. Tourner.
18e rg : 1 m. glissée, à l'end. : 2 m. M, 2 m. R, 1 m. M, 2 m. R, 2 m. M, 1 m. glissée, 1 m. end., rab. la m. glissée sur la m. tric. Tourner. Couper C.
19e rg : comme le 11e.
20e rg : 1 m. glissée, 9 m. end., 1 m. glissée, 1 m. end., rab. la m. glissée sur la m. tric. Tourner.
21e rg : comme le 11e = 47 m.
22e rg : 1 m. glissée, * 1 m. env., 1 m. end. * Répéter jusqu'à la fin.
23e rg : tric. tout le rg au point de riz en posant un repère sur les 8e et 39e m.
24e rg : rab. 22 m., 3 m. point de riz, rab. les 22 dernières m.

LANGUETTE A
Reprendre le trav. sur les 3 m. pour tric. au point de riz pendant 6 cm. Rab.

Deuxième chausson
Tricoter le deuxième chausson semblable.

MONTAGE
Rentrer tous les fils.

LANGUETTE B, CHAUSSON DROIT
Fermer le talon.
Monter 3 m. M, puis en trav. sur l'end., relever 17 m. sur le talon entre les repères, ajouter 15 m. et trav. ainsi :
1er rg : * 1 m. end., 1 m. env. * Répéter jusqu'à la dernière m., 1 m. end.
2e rg : * 1 m. end., 1 m. env. * Répéter jusqu'aux 4 dernières m., 2 m. ensemble à l'env., 1 jeté, 1 m. env., 1 m. end.
3e rg : comme le 1er rg.
4e rg : rab.

LANGUETTE B, CHAUSSON GAUCHE
Monter 15 m. M, puis en trav. sur l'end., relever 17 m. sur le talon entre les repères, ajouter 3 m. et trav. ainsi :
1er rg : * 1 m. end., 1 m. env. * Répéter jusqu'à la dernière m., 1 m. end.
2e rg : 1 m. end., 1 m. env., 1 jeté, 2 m. ensemble à l'env., * 1 m. end., 1 m. env. * Répéter jusqu'à la dernière m., 1 m. end.
3e rg : comme le 1er.
4e rg : rab.

Épingler régulièrement le dessus autour de la semelle puis le coudre. Rentrer tous les fils. Plier la languette A en 2 pour former une boucle et la coudre au-dessus. Glisser la languette B dans la boucle de A.
Coudre les boutons (*voir p. 9*).

Chaussons « abeilles »

Avec ces petits chaussons audacieux, ni vous ni votre bébé ne passerez inaperçus.

TAILLE
3 à 6 mois

FOURNITURES
Fil à tricoter 100 % coton, 115 m. pour 50 g : 1 pel. noir (N) et 1 pel. jaune (J)
2 aig. n° 3

ÉCHANTILLON
26 m. et 34 rgs = 10 cm tricotés en jersey endroit rayé avec les aig. n° 3

ABRÉVIATIONS
Voir p. 116

SEMELLE
Elle est commencée par le talon. Monter 3 m. N. Tric. au point de riz. Augm. 1 m. à ch. extrémité des 2, 3, 5, 6 et 8e rgs = 13 m.
Cont. droit jusqu'au 36e rg. Dim. 1 m. à ch. extrémité du rg suiv., puis ts les 2 rgs jusqu'à ce qu'il ne reste que 5 m.
Rg suiv. : à l'env.
Cont. en jersey end. en alternant 4 rgs J et 4 rgs N.

DESSUS
Seuls les rgs avec augm. ou dim. sont indiqués, tric. les autres tout droit.
1er rg : 1 augm. dans chacune des 4 premières m., 1 m. end. = 9 m.
3e rg : 1 m. end., 1 augm. dans les 2 m. suiv., 2 m. end., 1 augm. dans les 2 m. suiv., 2 m. end. = 13 m.
5e rg : 2 m. end., 1 augm. dans les 2 m. suiv., 4 m. end., 1 augm. dans les 2 m. suiv., 3 m. end. = 17 m.
7e rg : 3 m. end., 1 augm. dans la m. suiv., 8 m. end., 1 augm. dans la m. suiv., 4 m. end. = 19 m.
10e rg : * 2 m. env., 1 augm. dans la m. suiv. * 2 fs, 6 m. env., * 1 augm. dans la m. suiv., 2 m. env. * 2 fs, 1 m. env. = 23 m.
25e rg : 10 m. end., rab. 3 m, 10 m. end.
Cont. sur ces 10 m. :
27e rg : 1 m. end., 2 m. ensemble à l'end. Tric. à l'end. jusqu'à la fin du rg.
29e rg : comme le 27e.
31e rg : comme le 27e = 7 m.
Tric. droit jusqu'au 46e rg.
Rab.
Reprendre le trav. au milieu sur les m. en attente, sur l'env.
26e rg : à l'env.
27e rg : tric. à l'end. jusqu'aux 3 dernières m., 1 m. glissée, 1 m. end., rab. la m. glissée sur la m. tric., 1 m. end.
Cont. les dim. comme ci-dessus pour amener ce côté au niveau du premier.

BORDURE
Relever 3 m. N tous les 4 rgs autour de la cheville.
Les rab. aussitôt en les tric. à l'env. sur l'env.

Deuxième chausson
Tricoter le deuxième chausson semblable.

MONTAGE
Fermer le talon. Épingler régulièrement le dessus autour de la semelle et le coudre. Rentrer tous les fils (voir p. 9).

CHAUSSONS DE BÉBÉS

Pantoufles idéales

Un modèle parfait pour les débutantes. Rapides et faciles à tricoter, ces pantoufles peuvent être décorées d'un motif en feutrine, de jolis boutons ou de perles.

TAILLE
Naissance à 3 mois

FOURNITURES
Fil à tricoter 50 % mérinos, 50 % coton, 113 m pour 50 g
Pantoufles aux étoiles : 1 pel. bleu, un peu de feutrine jaune
Pantoufles aux fleurs : 1 pel. rouge, un peu de feutrine blanche
2 boutons
2 aig. n° 4

ÉCHANTILLON
22 m. et 40 rgs = 10 cm tricotés en jersey endroit avec les aig. n° 4

ABRÉVIATIONS
Voir p. 116

SEMELLE
Monter 14 m. Tric. au point mousse en augm. 1 m. à ch. extrémité des 1, 3, 5 et 7e rgs puis en dim. 1 m. à ch. extrémité des 9, 11, 13 et 15e rgs = 14 m.

DESSUS
16e rg : ajouter 5 m. pour le talon et tric. 19 m. end.
Augm. 1 m. au début des 17, 19, 21 et 23e rgs (bout du pied).
24e rg : rab. 10 m. Tric. à l'env. jusqu'à la fin du rg.
25e rg : à l'end.
26e rg : 2 m. end. Tric. à l'env. jusqu'à la fin du rg.
27e au 30e rg : répéter 2 fs les 25 et 26e rgs
31e rg : à l'end.
32e rg : ajouter 10 m. et tric. 23 m. end.
Dim. 1 m. au début des 33, 35, 37 et 39e rgs = 19 m.
Rab.

Deuxième pantoufle
Tricoter la deuxième pantoufle semblable.

MONTAGE
Fermer le talon. Épingler régulièrement le dessus autour de la semelle et le coudre (*voir p. 9*).
Rentrer tous les fils.

Pantoufle aux étoiles
Dessiner les étoiles sur la feutrine jaune. Découper et coudre sur les pantoufles (*voir photo et p. 9*).

Pantoufles aux fleurs
Dessiner les fleurs sur la feutrine blanche. Découper et fixer sur les pantoufles en cousant un bouton par-dessus (*voir photo et p. 9*).

CHAUSSONS DE BÉBÉS

Bottines « animaux »

Ces bottines sont un clin d'œil à tous les petits lapins sautillants et aux petits ours calins. Leurs hauts revers bordés les maintiennent bien sur les pieds très affairés.

TAILLE
6 à 9 mois

FOURNITURES
Fil à tricoter 100 % merinos, 115 m pour 50 g :
Bottines « lapins » : 1 pel. beige (A), écru (B) et rose (C), quelques aig. brun
Bottines « oursons » : 1 pel. écru (A), chameau (B), brun (C)
2 aig. n° 3

ÉCHANTILLON
26 m. et 36 rgs = 10 cm tricotés en jersey endroit, aig. n° 3

ABRÉVIATIONS
Voir p. 116

SEMELLE
Monter 53 m. A
1er rg : * 1 augm. dans la 1re m., 24 m. end., 1 augm. dans la m. suiv. * 2 fs, 1 m. end.
2e au 4e rg : à l'end.
5e rg : * 1 augm. dans la 1re m., 26 m. end., 1 augm. dans la m. suiv. * 2 fs, 1 m. end.
6e au 8e rg : à l'end.
9e rg : * 1 augm. dans la 1re m., 28 m. end., 1 augm. dans la m. suiv. * 2 fs, 1 m. end.
10e rg : à l'end.

BORDURE DE LA SEMELLE
Former les dents de chat, en C comme suit :
1er rg : à l'end.
2e rg : à l'env.
3e rg : 1 m. end., * 1 jeté, 2 m. ensemble à l'end. * Répéter jusqu'à la fin du rg.
4e rg : à l'env.
5e et 6e rgs : comme le 1er et le 2e rg.
Prendre B.
7e rg : plier le travail sur le rg de trous-trous et tricoter ensemble la 1re m. de l'aiguille et la 1re m. du 1er rg des dents de chat sur tout le rg.
8e au 20e rg : à l'end.

DESSUS DE PIED
1er rg : 36 m. end., 2 m. ensemble à l'end. Tourner.
2e rg : 8 m. end., 1 m. glissée, 1 m. end., rab. la m. glissée sur la m. tric. Tourner.
3e rg : 8 m. end., 2 m. ensemble à l'end. Tourner.
4e au 23e rg : répéter 10 fs les 2 et 3e rgs = 42 m.
24e rg : comme le 2e.
25e au 28e rg : à l'end. sur toutes les m.
Prendre A et tric. 1 rg end.

TIGE
Tric. 27 rgs de côtes 1/1.

Prendre C.
28ᵉ rg : à l'env.
29ᵉ rg : rab. en tric. les m. à l'end.

Deuxième bottine
Tricoter la deuxième bottine semblable.

CHOISISSEZ
Oreilles de lapin
Montez 8 m. B. Tric. 23 rgs de jersey end. en dim. 1 m. à ch. extrémité des 15, 19 et 23ᵉ rgs. Prendre A et tric. 23 rgs de jersey end. en comm. par 1 rg env. Augm. 1 m. à ch. extrémité des 2, 4 et 8ᵉ rgs. Rab.
Tric. 3 autres oreilles semblables.

Oreilles d'ourson
Monter 8 m. B. Tric. 7 rgs de jersey end. en dim. 1 m. à ch. extrémité des 6 et 7ᵉ rgs.
Prendre C et tric. 7 rgs de jersey end.
en comm. par 1 rg env. Augm. 1 m. à ch. extrémité des 2 et 3ᵉ rgs. Rab.
Tric. 3 autres oreilles semblables.

MONTAGE
Avec une aiguille plate, fermer la jambe et le talon.
Rentrer tous les fils.
Plier les oreilles, fermer les côtés.
Coudre la base des oreilles sur les chaussons (*voir p. 9*).
Broder le museau en brun (*voir photo*).

CHAUSSONS DE BÉBÉS

Chaussons rayés

Ces chaussons peuvent être tricotés dans une large gamme de coloris. Les tresses nouées les maintiennent bien sur les petits petons des bambins.

TAILLE
3 à 6 mois

FOURNITURES
Fil à tricoter 100 % coton, 170 m. pour 50 g : 1 pel. bleu clair (A) et 1 pel. bleu foncé (B)
2 aig. n° 3

ÉCHANTILLON
28 m. et 38 rgs = 10 cm tricotés en jersey endroit avec les aig. n° 3

ABRÉVIATIONS
Voir p. 116

SEMELLE
Monter 24 m. A. Tric. au point de riz.

Augm. 1 m. à ch. extrémité des 2, 4, 6 et 8e rgs = 32 m.
Tric. 3 rgs. Dim. 1 m. à ch. extrémité des 12, 14, 16 et 18e rgs = 24 m.
19e rg : au point de riz, ajouter 8 m. à la fin du rg.

DESSUS
1er rg : avec B à l'end.
2e rg : 1 augm. dans la 1re m., à l'env. jusqu'à la fin du rg.
3e et 4e rgs : avec A comme le 1er et le 2e.
5e au 8e rg : répéter du 1er au 4e rg.
9e et 10e rgs : comme le 1er et le 2e.
11e rg : avec B, rab. 21 m., puis avec A : 16 m. end.
12e rg : 1 augm. dans la 1re m., 15 m. env.
13e rg : avec B : 17 m. end.
14e rg : 17 m. env.
15e et 16e rgs : avec A comme le 13e et le 14e.
17e au 24e rg : répéter 3 fs du 13e au 16e rg.
25e et 26e rgs : comme le 13e et le 14e rg.
27e rg : comme le 15e.
28e rg : 2 m. ensemble à l'env., 15 m. env., ajouter 21 m.
29e rg : avec C à l'end.
30e rg : 2 m. ensemble à l'env., à l'env. jusqu'à la fin du rg.
31e au 38e rg : cont. les rayures en dim. 1 m. au début de ch. rg env.
39e rg : rab.

BORDURE
En travaillant sur l'end., relever 21 m. A du talon jusqu'au-dessus de pied, 10 m. sur le bord des rayures et 21 m. du dessus de pied au talon.
1er rg : 12 m. point de riz, rab. 1 m., 7 m. point de riz, 2 m. ensemble, 8 m. point de riz, 2 m. ensemble, 17 m. point de riz, rab. 1 m., 2 m. point de riz
2e rg : 12 m. point de riz, 1 jeté, 24 m. point de riz, 1 jeté, 12 m. point de riz
3e rg : rab.

LIENS
Couper 3 brins A de 46 cm. Les passer dans les trous de la bordure par moitié et prendre les brins 2 par 2 (un de chaque côté du trou) pour les tresser. Nouer les extrémités.

Deuxième chausson
Tricoter le deuxième chausson semblable.

MONTAGE
Fermer le talon. Épingler régulièrement le dessus autour de la semelle et le coudre (voir p. 9). Rentrer tous les fils.

Chaussons « façon jean »

Yiii-ha ! Les petits cow-boys seront comblés. Ces chaussons embelliront à chaque lavage : leur couleur pâlira et les détails du point seront plus apparents.

TAILLE
3 à 6 mois

FOURNITURES
Fil à tricoter 100 % coton, 93 m pour 50 g : 1 pel. bleu jean
2 aig. n° 3,5
1 épingle de sûreté
10 petits boutons

ÉCHANTILLON
22 m. et 30 rgs = 10 cm tric. en jersey end. avec les aig. n° 3,5

ABRÉVIATIONS
Voir p. 116

Chausson droit
SEMELLE
Monter 19 m. et tric. au point de riz.
Augm. 1 m. à ch. extrémité des 2, 4 et 6e rgs = 25 m.
Tric. 3 rgs. Dim. 1 m. à ch. extrémité des 10, 12 et 14e rgs = 19 m.
15e rg : au point de riz en ajoutant 6 m. à la fin du rg.

DESSUS
1er rg : 25 m. end.
2e rg : 1 augm. dans la 1re m., à l'env. jusqu'à la fin du rg.
3e au 6e rg : répéter 2 fs le 1er et le 2e rg.
7e rg : à l'end.
8e rg : 1 augm. dans la 1re m., 10 m. env., 17 m. point de riz.
9e rg : 17 m. point de riz, 12 m. end.
10e rg : 1 augm. dans la 1re m., 11 m. env., 17 m. point de riz = 30 m.
11e rg : rab. 10 m., 3 m. point de riz, rab. 2 m., 2 m. point de riz, 13 m. end.
12e rg : 13 m. env., 2 m. point de riz, glisser les 3 m. suiv. sur l'épingle de sûreté. Tourner.
13e rg : 2 m. point de riz, 13 m. end.
14e au 21e rg : répéter 4 fs le 12e et le 13e rg.
22e rg : 13 m. env., 2 m. point de riz, ajouter 15 m.
23e rg : 17 m. point de riz, 13 m. end.
24e rg : 2 m. ensemble à l'env., 11 m. env., 17 m. point de riz.
25e rg : 17 m. point de riz, 12 m. end.
26e rg : 2 m. ensemble à l'env., tric. à l'env. jusqu'à la fin du rg.
27e au 32e rg : en jersey end. en dim. 1 m. à ch. extrémité des rgs env. = 25 m.
33e rg : rab.

LANIÈRE
Reprendre les 3 m. en attente sur l'épingle.
1er au 15e rg : au point de riz.
16e rg : 1 m. point de riz, rab. 1 m., 1 m. point de riz.
17e rg : 1 m. point de riz, 1 jeté, 1 m. point de riz.
18e et 19e rgs : au point de riz.
20e rg : rab.

Chausson gauche
SEMELLE
Trav. comme pour le chausson droit.

DESSUS DU PIED
Inverser ainsi le trav. :
1er rg : à l'env.
2e rg : 1 augm. dans la 1re m., à l'end. jusqu'à la fin du rg.
8e rg : 1 augm. dans la 1re m., 10 m. end., 17 m. point de riz.

MONTAGE
Avant de les assembler, laver les chaussons ainsi qu'un peloton de fil à 60/70 °C pour éliminer le surplus de teinture. Attention, les laver seuls ou avec des articles de même couleur. Fermer le talon. Épingler régulièrement le dessus autour de la semelle et le coudre.
Coudre 4 boutons décoratifs sur le dessus (voir photo) et un autre pour fermer la lanière (voir p. 9).

CHAUSSONS DE BÉBÉS

Chaussettes aux talons et bouts contrastés

De forme classique, jolies quelles que soient leurs couleurs, ces chaussettes sont un cadeau idéal.

TAILLE
3 à 6 mois

FOURNITURES
Fil à tricoter 100 % laine mérinos, 183 m pour 50 g :
Rose : 1 pel. rose moyen (M) et 1 pel. rose foncé (F)
Bleu : 1 pel. bleu moyen (M) et 1 pel. bleu foncé (F)
Un jeu de 4 aig. n° 3

ÉCHANTILLON
28 m. et 38 rgs = 10 cm tricotés en jersey endroit avec les aig. n° 3

ABRÉVIATIONS
Voir p. 17

CONSEIL
Poser un anneau marqueur pour repérer le début du tour.

TIGE
Monter 32 m. m. et les répart. sur 3 aig. : 10, 10 et 12. Tric. en tournant 5 tours de côtes 1/1.
6e au 20e tour : * 3 m. end., 1 m. env. *
Ne pas couper M, prendre F.

DÉPART DU TALON
21e tour : avec F, tric. 15 m. end. Tourner. Laisser les autres m. en attente sur l'aig. pour le dessus du pied.
Tric. 7 rgs de jersey end. sur ces 15 m. en comm. par 1 rg env.

MISE EN FORME DU TALON
1er rg : 9 m. end. Tourner.
2e rg : 1 m. glissée, 2 m. env., tourner.
3e rg : 1 m. glissée, 1 m. end., 1 m. glissée, rab. la m. glissée sur la m. tric., 1 m. end. Tourner.
4e rg : 1 m. glissée, 2 m. env., 2 m. ensemble à l'env., 1 m. env. Tourner.

CHAUSSONS DE BÉBÉS

5e rg : 1 m. glissée, 3 m. end., 1 m. glissée, 1 m. end., rab. la m. glissée sur la m. tric., 1 m. end. Tourner.
6e rg : 1 m. glissée, 4 m. env., 2 m. ensemble à l'env., 1 m. env. Tourner.
7e rg : 1 m. glissée, 5 m. end., 1 m. glissée, 1 m. end., rab. la m. glissée sur la m. tric., 1 m. end., Tourner.
8e rg : 1 m. glissée, 6 m. env., 2 m. ensemble à l'env., 1 m. env. Couper le fil.
Avec M, relever 6 m. sur la lisière du talon, reprendre les 9 m. du talon, relever 6 m. sur l'autre lisière, puis sur les m. en attente tric. : * 1 m. env., 3 m. end. * 3 fs. pour revenir au début du tour.
Cont. ainsi :
1er tour : 2 m. ensemble à l'env., 19 m. end., 2 m. ensemble à l'env., * 3 m. end., 1 m. env. * 3 fs, 3 m. end.
2e tour : 2 m. ensemble à l'env., 17 m. end., 2 m. ensemble à l'env., * 3 m. end., 1 m. env. * 3 fs, 3 m. end.
3e tour : 2 m. ensemble à l'env., 15 m. end., 2 m. ensemble à l'env., * 3 m. end., 1 m. env. * 3 fs, 3 m. end.
4e tour : 2 m. ensemble à l'env., 13 m. end., 2 m. ensemble à l'env., * 3 m. end., 1 m. env. * 3 fs, 3 m. end.
5e tour : 1 m. env., 13 m. end., * 1 m. env., 3 m. end. * 4 fs.
6e au 24e tour : comme le 5e.
Couper M.

BOUT DU PIED
Avec F :
1er tour : à l'end.
2e tour : * 2 m. ensemble à l'end., 11 m. end., 1 m. glissée, 1 m. end., rab. la m. glissée sur la m. tric. * 2 fs.
3e tour : à l'end.
4e tour : * 2 m. ensemble à l'end., 9 m. end., 1 m. glissée, 1 m. end., rab. la m. glissée sur la m. tric. * 2 fs.
5e tour : à l'end.
6e tour : * 2 m. ensemble à l'end., 7 m. end., 1 m. glissée, 1 m. end., rab. la m. glissée sur la m. tric. * 2 fs.
7e tour : à l'end.
8e tour : rab.

Deuxième chaussette
Tricoter la deuxième chaussette semblable.

MONTAGE
Fermer le bout du pied (voir p. 9). Rentrer tous les fils.

CHAUSSONS DE BÉBÉS

Bottines à la tige au point de riz

Le mélange de la laine et du coton est avantageux pour des chaussons de bébé : la laine maintient les petits pieds bien au chaud et le coton fait ressortir la structure du point.

TAILLE
3 à 6 mois

FOURNITURES
Fil à tricoter 50 % mérinos, 50 % coton, 113 m. pour 50 g : 1 pel. col. écru
2 aig. n° 3 et n° 4

ÉCHANTILLON
22 m. et 30 rgs = 10 cm tricotés en jersey endroit avec les aig. n° 4

ABRÉVIATIONS
Voir p. 116

TIGE
Monter 27 m. sur les aig. n° 4. Tric. 10 rgs au point de riz.
Prendre les aig. n° 3 et tric. 6 rgs de côtes 1/1.
Reprendre les aig. n° 4 et cont. en jersey end. pendant 4 rgs.

DESSUS DU PIED
18 m. end., tourner, 9 m. env., tourner.
Tric. 12 rgs de jersey end. sur ces 9 m. Couper le fil.

En trav. sur l'end., à la suite des 9 premières m. en attente, relever 10 m. sur la lisière, reprendre les 9 m. du bout du pied, relever 10 m. sur l'autre lisière et reprendre les 9 dernières m. = 47 m.
Tric. 6 rgs de jersey end. en comm. par 1 rg env.

SEMELLE
7e rg : à l'end.
8e rg : 1 m. end., 2 m. ensemble à l'env., * 1 m. end., 1 m. env. * 8 fs, 1 m. end., 2 m. ensemble à l'env., 1 m. end., 1 m. env., 1 m. end., 2 m. ensemble à l'env., * 1 m. end., 1 m. env. * 8 fs, 1 m. end., 2 m. ensemble à l'env., 1 m. end.
9e rg : * 1 m. end., 1 m. env. * Répéter jusqu'à la dernière m., 1 m. end.
10e rg : 1 m. end., 2 m. ensemble à l'end., 15 m. point de riz, 2 m. ensemble à l'env., 1 m. end., 1 m. env., 1 m. end., 2 m. ensemble à l'env., 15 m. point de riz, 2 m. ensemble à l'end., 1 m. end.
11e rg : 1 m. end., 16 m. point de riz, * 1 m. env., 1 m. end. * 2 fs, 1 m. env., 16 m. point de riz, 1 m. end.
12e rg : 1 m. end., 2 m. ensemble à l'env., 13 m. point de riz, 2 m. ensemble à l'env., 1 m. end., 1 m. env., 1 m. end., 2 m. ensemble à l'env., 13 m. point de riz, 2 m. ensemble à l'env., 1 m. end.
13e rg : comme le 9e.
14e rg : rab.

Deuxième bottine
Tricoter la deuxième bottine semblable.

MONTAGE
Fermer la tige et le dessous du pied (voir p. 9).
Rentrer tous les fils.

CHAUSSONS DE BÉBÉS

Chaussons aux pastilles

Les bébés aimeront forcément ces chaussons gais, colorés et agréables au toucher. Prenez soin de coudre les pastilles très solidement pour que les petits doigts ne puissent pas les arracher.

TAILLE
3 à 6 mois

FOURNITURES
Fil à tricoter 100 % mérinos, 120 m pour 50 g : 1 pel. bleu marine, quelques g de coloris vifs pour les pastilles
2 aig. n° 3 et n° 4

ÉCHANTILLON
26 m. et 36 rgs = 10 cm tricotés en jersey endroit avec les aig n° 3

ABRÉVIATIONS
Voir p. 116

SEMELLE
Elle est comm. par le talon. Monter 3 m. marine sur les aig n° 3. Tric. au point de riz.
Augm. 1 m. à ch. extrémité des 2, 3, 5, 6 et 8e rgs = 13 m.
Cont. droit jusqu'au 36e rg.
Dim. 1 m. à ch. extrémité du rg suiv., puis ts les 2 rgs jusqu'à ce qu'il ne reste que 5 m.
Rg suiv. : à l'env.
Cont. en jersey end. en faisant le trav. indiqué sur les rgs précisés ci-dessous.

DESSUS
1er rg : 1 augm. dans chacune des 2 premières m., 1 m. end., 1 augm. dans chacune des 2 dernières m. = 9 m.
3e rg : * 1 m. end., 1 augm. dans chacune des 2 m. suiv., 1 m. end. * 2 fs, 1 m. end. = 13 m.
5e rg : * 2 m. end., 1 augm. dans chacune des 2 m. suiv., 2 m. end. * 2 fs, 1 m. end. = 17 m.
7e rg : 3 m. end., 1 augm. dans la m. suiv., 8 m. end., 1 augm. dans la m. suiv., 4 m. end. = 19 m.
10e rg : * 2 m. env., 1 augm. dans la m. suiv. * 2 fs, 6 m. env., * 1 augm. dans la m. suiv., 2 m. env. * 2 fs, 1 m. env. = 23 m.
25e rg : 10 m. end., rab. 3 m., 10 m. end.
Cont. sur les 10 dernières m.
27e rg : 1 m. end., 2 m. ensemble à l'end., 7 m. end.
29e rg : 1 m. end., 2 m. ensemble à l'end., 6 m. end.
31e rg : 1 m. end., 2 m. ensemble à l'end., 5 m. end. = 7 m.
45e rg : rab.
Reprendre le trav. au milieu sur les m. en attente.
27e rg : 7 m. end., 1 m. glissée, 1 m. end., rab. la m. glissée sur la m. tric., 1 m. end.
Cont. ainsi les dim. pour amener le 2e côté au niveau du 1er.

BORDURE
Avec un coloris vif et les aig. n° 3, relever 35 m. autour de la cheville. Les rab. aussitôt en les tric. à l'end. sur l'env.

PASTILLES
Confectionner le nombre de pastilles souhaité pour chaque chaussure.
Avec un coloris vif et les aig. n° 4, monter 3 m. en laissant pendre 10 cm de fil pour la finition.
1er rg : 1 augm. dans la m. suiv. dans les 2 premières m., 1 m. end.
2e rg : à l'env.
3e rg : à l'end.
4e rg : à l'env.
5e rg : 1 m. glissée, 1 m. end., rab. la m. glissée sur la m. tric., 1 m. end., 2 m. ensemble à l'end.
6e rg : 3 m. ensemble à l'env.
7e rg : arrêter en coupant le fil à 10 cm de la dernière m.
Nouer les 2 fils ensemble, très serrés, pour former une pastille ronde.

Deuxième chausson
Tricoter le deuxième chausson semblable.

MONTAGE
Fermer le talon. Épingler régulièrement le dessus autour de la semelle puis le coudre. Rentrer tous les fils.
Avec les morceaux de fils qui pendent, coudre solidement les pastilles sur les chaussons (*voir p. 9*).

CHAUSSONS DE BÉBÉS

Pattes de canard

Couac-couac, voilà que passe un petit canard ! Bien que ces chaussons soient surtout très amusants, leur tige en côtes les rend également bien pratiques.

TAILLE
3 à 6 mois

FOURNITURES
Fil à tricoter 100 % coton, 115 m pour 50 g : 1 pel. jaune, quelques g de fil orange
2 aig. n° 3

ÉCHANTILLON
24 m. et 36 rgs = 10 cm tricotés en jersey endroit avec les aig. n° 3

ABRÉVIATIONS
Voir p. 116

SEMELLE
Monter 3 m. Tric. au point de riz en augm. 1 m. à ch. extrémité des 2, 3, 5 et 7e rgs = 11 m. Cont. droit.
Augm. 1 m. à ch. extrémité des 13, 19, 25, 31, 37 et 43e rgs = 23 m.
Cont. jusqu'au 48e rg.

DESSUS
Cont. en jersey end., tout droit pendant 24 rgs.
25e rg : 10 m. end., rab. 3 m., 10 m. end. Cont. sur ces 10 dernières m.
26e rg : à l'env.
27e rg : 1 m. end., 2 m. ensemble à l'end., tric. à l'end. jusqu'à la fin du rg.
28e au 31e rg : répéter 2 fs le 26e et le 27e rg = 7 m.
Tric. encore 13 rgs.
Rab.
Reprendre le trav. au centre, sur les m. en attente.
26e rg : à l'env.
27e rg : tric. à l'end. jusqu'aux 3 dernières m., 1 m. glissée, 1 m. end., rab. la m. glissée sur la m. tric., 1 m. end.
Cont. pour amener ce côté au niveau de l'autre.

TIGE
En trav. sur l'end., relever 36 m. autour de la cheville. Tric. 26 rgs de côtes 2/2. Rab.

Deuxième chausson
Tricoter le deuxième chausson semblable.

MONTAGE
Fermer la tige et le talon. Réunir le dessus et la semelle (voir p. 9). Rentrer tous les fils. Broder un point de gribiche orange sur le bout du pied pour marquer les orteils.

CHAUSSONS DE BÉBÉS

Chaussons de Polichinelle

Une forme originale, parfaite pour un « bébé de Noël ». Les grelots et les pointes les terminent en beauté, tandis qu'un nœud en ruban les maintient sur le pied.

TAILLE
6 à 9 mois

FOURNITURES
Fil à tricoter 100 % mérinos, 120 m pour 50 g : 1 pel. rouge (A) et 1 pel. écru (B)
2 aig. n° 3,5
100 cm de ruban
2 grelots

ÉCHANTILLON
24 m. et 32 rgs = 10 cm tricotés en jersey endroit avec les aig. n° 3,5

ABRÉVIATIONS
Voir p. 116

Premier pied
SEMELLE
Monter 41 m. A.
1er rg : * 1 augm. dans la 1re m., 18 m. end., 1 augm. dans la m. suiv. * 2 fs, 1 m. end.
2e et 3e rgs : à l'end.
4e rg : * 1 augm. dans la 1re m., 20 m. end., 1 augm. dans la m. suiv. * 2 fs, 1 m. end.
5e et 6e rgs : à l'end.
7e rg : * 1 augm. dans la 1re m., 22 m. end., 1 augm. dans la m. suiv. * 2 fs, 1 m. end. = 53 m.
8e et 9e rgs : à l'end.
10e rg : à l'env.
11e rg : 1 m. end., * 1 jeté, 2 m. ensemble à l'end. * Répéter jusqu'à la fin du rg.
12e rg : à l'env.
13e et 14e rgs : comme le 9e et le 10e.
15e rg : pour former les dents de chats de la bordure, plier le trav. sur les rgs de trous-trous et tric. ensemble 1 m. de l'aig. et la m. correspondante du 9e rg.
16e rg : 2 m. ensemble à l'end., 51 m. end.

CÔTES
17e rg : 26 m. A, 26 m. B.
18e rg : avec B : 24 m. end., 1 augm. dans la 1re m., 1 m. end., passer le fil devant ; avec A : 1 augm. dans la 1re m., 25 m. end.
19e rg : à l'end. 27 m. A, 27 m. B.
20e rg : avec B : 25 m. end., 1 augm. dans la m. suiv., 1 m. end., passer le fil devant ; avec A : 1 augm. dans la 1re m., 26 m. end.
21e au 28e rg : cont. à augm. comme précédemment = 64 m.
29e rg : a l'end. : 32 m. A, 16 m. B. Tourner.
30e rg : avec B : 1 m. glissée, 13 m. end., 1 augm. dans la m. suiv., 1 m. end., passer le fil devant ; avec A : 1 augm. dans la 1re m., 15 m. end. Tourner.
31e rg : 1 m. glissée, 16 m. end. A, 13 m. end. B, Tourner.
32e rg : avec B : 1 m. glissée, 10 m. end., 1 augm. dans la m. suiv., 1 m. end., passer le fil devant ; avec A : 1 augm. dans la 1re m., 12 m. end. Tourner = 68 m.
33e rg : 1 m. glissée, 13 m. end. A, 10 m. end. E. Tourner.
34e rg : 1 m. glissée, 9 m. end. B, passer le fil devant, 10 m. end. A. Tourner.
35e rg : 1 m. glissée, 9 m. end. A, 6 m. end. E. Tourner.
36e rg : 1 m. glissée, 5 m. end. B, passer le fil devant, 6 m. end. A. Tourner.
37e rg : 1 m. glissée, 5 m. end. A, 2 m. end. B. Tourner.
38e rg : 1 m. glissée, 1 m. end. B, fil devant, 2 m. end. A, 1 m. glissée. Tourner.
39e rg : avec A : 2 m. ensemble à l'end., 1 m. end. ; avec B : 1 m. end., 1 m. glissée, rab. la m. glissée sur la m. tric.
40e rg : 2 m. end. B, passer le fil devant, 2 m. end. A, glisser 2 m. Tourner.
41e rg : avec A : 3 m. ensemble à l'end., 1 m. end., avec B : 1 m. end., 1 m. glissée, 2 m. ensemble à l'end., rab. la m. glissée sur les m. tric. Tourner.
42e au 53e rg : répéter 6 fs le 40e et le 41e rg.
54e rg : comme le 40e.
55e rg : avec A : 3 m. ensemble à l'end., 1 m. end. ; avec B : 1 m. end., 1 m. glissée, 2 m. ensemble à l'end., rab. la m. glissée sur les m. tric., 15 m. end. = 34 m.
56e rg : à l'env. :17 m. B, 17 m. A.
57e et 58e rgs : en jersey end., 17 m. de chaque couleur.
59e rg : avec A : * 2 m. end., 1 jeté, 2 m. ensemble à l'end. * 4 fs, 1 m. end. ; avec B : * 2 m. end., 1 jeté, 2 m. ensemble à l'end. * 4 fs, 1 m. end.
60e au 63e rg : en jersey end.17 m. de chaque couleur.
64e rg : à l'end. 17 m. B, 17 m. A.
65e rg : rab.

BORDURE
Monter 2 m. A.
1er rg : 1 augm. dans la 1re m., 1 m. end.
2e rg : 1 m. end., 1 m. env., 1 augm. dans la m. suiv.
3e rg : 1 augm. dans la 1re m., 1 m. end., 1 m. env., 1 m. end.
4e rg : 1 m. end., 1 m. env., 1 m. end., 2 m. ensemble à l'env.
5e rg : 2 m. ensemble à l'end., 1 m. env., 1 m. end.
6e rg : 1 m. end., 2 m. ensemble à l'env.
Répéter 4 fs du 1er au 6e rg.
Prendre B. Répéter 5 fs du 1er au 6e rg.
Rab.

CHAUSSONS DE BÉBÉS

Deuxième chausson
SEMELLE
Comme pour le premier pied.

CÔTES
Trav. comme pour le premier pied en intervertissant ainsi les coloris :
1er rg : à l'end. : 26 m. B, 26 m. A.

MONTAGE
Fermer la semelle et l'arrière.
Rentrer tous les fils.
Coudre la bordure autour de la cheville, juste sous le rg d'arrêt.
Couper le ruban en 2, le passer dans les trous pour le nouer sur le devant.
Coudre solidement le grelot sur le bout (*voir p. 9*).

Chaussures à pois

Des chaussures dignes de Miss Minnie pour embellir les minuscules pieds des petites filles ! Le rouge et le blanc sont des couleurs classiques, mais vous pouvez utiliser d'autres couleurs complémentaires, comme le bleu et le jaune.

TAILLE
6 à 9 mois

FOURNITURES
Fil à tricoter 100 % coton, 115 m pour 50 g : 1 pel. rouge (R) et quelques g blanc (B)
2 aig. n° 3
2 petits boutons

ÉCHANTILLON
26 m. et 32 rgs = 10 cm tricotés en jersey endroit jacquard avec les aig. n° 3

ABRÉVIATIONS
Voir p. 116

SEMELLE
Monter 42 m. R.
1er rg : 1 m. end., 1 augm. dans la m. suiv., 16 m. end., 1 augm. dans la m. suiv., 4 m. end., 1 augm. dans la m. suiv., 16 m. end., 1 augm. dans la m. suiv., 1 m. end.
2e rg et tous les rgs pairs : à l'end.
3e rg : 2 m. end., 1 augm. dans la m. suiv., 17 m. end., 1 augm. dans la m. suiv., 4 m. end., 1 augm. dans la m. suiv., 17 m. end., 1 augm. dans la m. suiv., 2 m. end.
5e rg : 3 m. end., 1 augm. dans la m. suiv., 18 m. end., 1 augm. dans la m. suiv., 4 m. end., 1 augm. dans la m. suiv., 18 m. end., 1 augm. dans la m. suiv., 3 m. end.
7e rg : 4 m. end., 1 augm. dans la m. suiv., 19 m. end., 1 augm. dans la m. suiv., 4 m. end., 1 augm. dans la m. suiv., 19 m. end., 1 augm. dans la m. suiv., 4 m. end.
9e rg : 5 m. end., 1 augm. dans la m. suiv., 20 m. end., 1 augm. dans la m. suiv., 4 m. end., 1 augm. dans la m. suiv., 20 m. end., 1 augm. dans la m. suiv., 5 m. end. = 62 m.

TOUR DU PIED
Cont. en jersey end.
1er rg : avec R.
2e rg : * 2 m. B, 4 m. R * Répéter jusqu'aux 2 dernières m., 2 m. B
3e et 4e rgs : 3 m. B, * 2 m. R, 4 m. B * Répéter jusqu'aux 5 dernières m., 2 m. R, 3 m. B.
5e rg : comme le 2e.
6e rg : avec R.
7e rg : 3 m. R, * 2 m. B, 4 m. R * Répéter jusqu'aux 5 dernières m., 2 m. B, 3 m. R.
8e et 9e rgs : 2 m. R, * 4 m. B, 2 m. R *. Répéter jusqu'à la fin du rg.
10e rg : comme le 7e.

DESSUS DU PIED
11e rg : avec R : 35 m. end., 1 m. glissée, 1 m. end., rab. la m. glissée sur la m. tric. Tourner.
12e rg : 1 m. glissée, 3 m. R, 2 m. B, 3 m. R, 2 m. ensemble à l'env. Tourner.
13e rg : 1 m. glissée, 2 m. R, 4 m. B, 2 m. R, 1 m. glissée, 1 m. end., rab. la m. glissée sur la m. tric. Tourner.
14e rg : 1 m. glissée, 2 m. R, 4 m. B, 2 m. R, 2 m. ensemble à l'env. Tourner.
15e rg : 1 m. glissée, 3 m. R, 2 m. B, 3 m. R, 1 m. glissée, 1 m. end., rab. la m. glissée sur la m. tric. Tourner.
16e rg : 1 m. glissée, 8 m. R, 2 m. ensemble à l'env. Tourner.
17e rg : 1 m. glissée, 8 m. R, 1 m. glissée, 1 m. end., rab. la m. glissée sur la m. tric. Tourner.
18e rg : comme le 16e.
19e au 22e rg : répéter 2 fs le 17e et le 18e rg.
23e rg : 1 m. glissée, 8 m. end., 1 m. glissée, 1 m. end., rab. la m. glissée sur la m. tric., 19 m. end.
24e rg : 28 m. end., 2 m. ensemble à l'end., 19 m. end.
25e rg : rab.

TOUR DE LA CHEVILLE
Fermer le talon et le dessous de pied.
Rentrer tous les fils.
Monter 7 m. R, puis en trav. sur l'end., relever 14 m. de ch. côté de la couture du talon, ajouter 7 m.
1er rg : à l'end.
2e rg : tric. à l'end. jsuqu'aux 4 dernières m., 2 m. ensemble à l'end., 1 jeté, 2 m. end.
3e rg : à l'end.
4e rg : rab.

NŒUD
Monter 20 m. R. Tric. 13 rgs end.
Rab.

Deuxième chaussure
Tricoter la deuxième chaussure semblable.

MONTAGE
Réunir les 2 extrémités des nœuds en plaçant la couture juste en dessous du milieu. Resserrer le centre en enroulant plusieurs fois du fil par-dessus la couture et en arrêtant solidement sur l'arrière. Coudre le nœud sur le dessus de la chaussure. Coudre les boutons (*voir p. 9*).

CHAUSSONS DE BÉBÉS

Ballerines

Un superbe modèle, facile à tricoter. Ces ballerines peuvent être réalisées par douzaine pour être assorties à toutes les tenues, dans toutes les occasions.

Ballerines aux roses
Ces garnitures achetées en mercerie révèlent ici toute leur beauté. Essayez différents modèles dans différents styles.

Ballerines aux sequins
Les petites filles romantiques aimeront ces ballerines aux sequins. Choisissez des couleurs très brillantes et assortissez les boutons.

Ballerines aux pastèques
Brodez ce motif, au point lancé, sur le bout du pied avec du mouliné.

Ballerines aux étoiles
Si faciles qu'un enfant pourrait les réaliser. La broderie est une combinaison de points lancés et de points de nœud.

TAILLE
3 à 6 mois

FOURNITURES
Fil à tricoter 100 % coton, 170 m. pour 50 g
Ballerines aux roses : 1 pel. vert pâle, rose de soie sur nœud
Ballerines aux sequins : 1 pel. violet, paillettes en ruban et cœur en paillettes
Ballerines aux pastèques : 1 pel. rose pâle, un peu de mouliné vert, rose vif et noir
Ballerines aux étoiles : 1 pel. bleu pâle, mouliné bleu foncé
2 aig. n° 3
Épingle de sûreté
2 petits boutons

ÉCHANTILLON
28 m. et 38 rgs = 10 cm tricotés en jersey endroit avec les aig. n° 3

ABRÉVIATIONS
Voir p. 116.

Pied droit
SEMELLE
Monter 24 m. Tric. au point de riz.
Augm. 1 m. à ch. extrémité des 2, 4, 6 et 8e rgs = 32 m.
Tric. 3 rgs. Dim. 1 m. à ch. extrémité des 12, 14, 16 et 18e rgs = 24 m.
19e rg : au point de riz, ajouter 8 m. à la fin.

DESSUS
1er **rg** : à l'end.
2e **rg** : 1 augm. dans la 1re m., à l'env. jusqu'à la fin du rg.
3e au 8e **rg** : répéter 3 fs le 1er et le 2e rg.
9e **rg** : à l'end.
10e **rg** : 1 augm. dans la 1re m., 14 m. env., 21 m. point de riz.
11e **rg** : 21 m. point de riz, 16 m. end.
12e **rg** : 1 augm. dans la 1re m., 15 m. env., 21 m. point de riz = 38 m.
13e **rg** : rab. 12 m., 3 m. point de riz, rab. 4 m., 2 m. point de riz, 17 m. end.
14e **rg** : 17 m. env., 2 m. point de riz, mettre 3 m. en attente sur l'épingle à nourrice.
15e **rg** : 2 m. point de riz, 17 m. end.
16e au 25e **rg** : répéter 5 fs le 14e et le 15e rg.
26e **rg** : 17 m. env., 2 m. point de riz, ajouter 19 m.
27e **rg** : 21 point de riz, 17 m. end.
28e **rg** : 2 m. ensemble à l'env., 15 m. env., 21 m. point de riz.
29e **rg** : 21 m. point de riz, 16 m. end.
30e **rg** : 2 m. ensemble à l'env., tric. à l'env. jusqu'à la fin du rg.
31e au 38e **rg** : en jersey end. en dim. 1 m. au début de ch. rg env.
39e **rg** : rab.

LANIÈRE
Reprendre les 3 m. en attente.
1er **rg** : 1 augm. dans la m. suiv. dans chacune des 2 m. suiv., 1 m. end.
2e au 15e **rg** : au point de riz.
16e **rg** : 2 m. point de riz, rab. 1 m., 2 m. point de riz.
17e **rg** : 2 m. point de riz, 1 jeté, 2 m. point de riz.
18e au 20e **rg** : au point de riz.
21e **rg** : rab.

CHAUSSONS DE BÉBÉS

Pied gauche
SEMELLE
Comme celle du pied droit.

DESSUS
Inverser ainsi le jersey end.
1er rg : à l'env.
2e rg : 1 augm. dans la m. suiv. dans la 1re m., à l'end. jusqu'à la fin du rg.
10e rg : 1 augm. dans la m. suiv. dans la 1re m., 14 m. end., 21 m. point de riz.

MONTAGE
Fermer le talon. Épingler régulièrement le dessus autour de la semelle puis le coudre. Rentrer tous les fils. Coudre les boutons.

Ballerines aux roses
Coudre les nœuds et les roses sur le dessus.

Ballerines aux sequins
Coudre les paillettes en ruban autour de la cheville et sur la lanière. Coudre le motif sur le dessus.

Ballerines aux pastèques
En suivant la photo de la p. 71, broder la tranche de pastèque à points lancés sur le bout du pied. Ajouter des points de nœud noirs pour les graines.

Ballerines aux étoiles
Broder l'étoile à grands points lancés en ajoutant un point de nœud au bout de chaque branche. Souligner le tour de la semelle et du chausson d'un point de gribiche (*voir photo*).
(*Voir également p. 116*).

CHAUSSONS DE BÉBÉS

CHAUSSONS DE BÉBÉS

Chaussons « coccinelles »

Ces drôles de chaussons colorés ne pourront que susciter la bonne humeur de votre bébé.

TAILLE
3 à 6 mois

FOURNITURES
Fil à tricoter 100 % coton, 115 m pour 50 g : 1 pel. col. noir (A) et 1 pel. col. rouge (B)
2 aig. n° 3

ÉCHANTILLON
26 m. et 34 rgs = 10 cm tricotés en jersey endroit jacquard avec les aig. n° 3

ABRÉVIATIONS
Voir p. 116

SEMELLE
Elle est commencée par le talon.
Monter 3 m. A. Tric. au point de riz.
Augm. 1 m. à ch. extrémité des 2, 3, 5, 6 et 8ᵉ rgs = 13 m.
Cont. droit jusqu'au 36ᵉ rg.
Dim. 1 m. à ch. extrémité du rg suiv., puis ts les 2 rgs jusqu'à ce qu'il ne reste que 5 m.
Rg suiv. : à l'env.
Cont. en jersey end.

DESSUS
1ᵉʳ rg : avec B : 1 augm. dans chacune des 2 premières m., 1 m. A, 1 augm. dans chacune des 2 dernières m. = 9 m.
2ᵉ rg : 4 m. B, 1 m. A, 4 m. B.
3ᵉ rg : 1 m. B, 1 augm. B dans chacune des 2 m. suiv., 1 m. B, 1 m. A, 1 augm. B dans les 2 m. suiv., 2 m. B = 13 m.
4ᵉ rg : 6 m. B, 1 m. A, 6 m. B.
5ᵉ rg : 2 m. B, 1 augm. B dans chacune des 2 m. suiv., 2 m. B, 1 m. A, 1 m. B, 1 augm. B dans chacune des 2 m. suiv., 3 m. B = 17 m.
6ᵉ rg : 3 m. B, 2 m. A, 3 m. B, 1 m. A, 3 m. B, 2 m. A, 3 m. B.
7ᵉ rg : 3 m. B, 1 augm. A dans la m. suiv., 2 m. A, 2 m. B, 1 m. A, 2 m. B, 1 m. A, 1 augm. A dans la m. suiv., 1 m. A, 3 m. B = 19 m.
8ᵉ rg : 4 m. B, 2 m. A, 3 m. B, 1 m. A, 3 m. B, 2 m. A, 4 m. B.
9ᵉ rg : 9 m. B, 1 m. A, 9 m. B.
10ᵉ rg : * 2 m. B, 1 augm. B dans la m. suiv. * 2 fs, 3 m. B, 1 m. A, * 2 m. B, 1 augm. B dans la m. suiv. * 2 fs, 3 m. B = 23 m.
11ᵉ rg : trav. en suiv. la grille jacquard et les explic. suiv. : 11 m. B, 1 m. A, 11 m. B.
12ᵉ rg : 11 m. B, 1 m. A, 11 m. B.
13ᵉ rg : 3 m. B, 2 m. A, 6 m. B, 1 m. A, 6 m. B, 2 m. A, 3 m. B.
14ᵉ et 15ᵉ rgs : 2 m. B, 4 m. A, 5 m. B, 1 m. A, 5 m. B, 4 m. A, 2 m. B.
16ᵉ rg : comme le 13ᵉ.
17ᵉ rg : 7 m. B, 2 m. A, 2 m. B, 1 m. A, 2 m. B, 2 m. A, 7 m. B.
18ᵉ et 19ᵉ rgs : 6 m. B, 4 m. A, 1 m. B, 1 m. A, 1 m. B, 4 m. A, 6 m. B.
20ᵉ rg : comme le 17ᵉ.
21ᵉ au 24ᵉ rg : 11 m. B, 1 m. A, 11 m. B.
25ᵉ rg : 10 m. B, rab. 3 m. 10 m. B.
Cont. sur les 10 dernières m.
26ᵉ rg : 3 m. B, 2 m. A, 5 m. B.
27ᵉ rg : 1 m. B, 2 m. ensemble B, 1 m. B, 4 m. A, 2 m. B.
28ᵉ rg : 2 m. B, 4 m. A, 3 m. B.
29ᵉ rg : 1 m. B, 2 m. ensemble B, 1 m. B, 2 m. A, 3 m. B.
30ᵉ rg : en B.
31ᵉ rg : 1 m. B, 2 m. ensemble B, 5 m. B = 7 m.
32ᵉ au 34ᵉ rg : en B.
35ᵉ rg : 3 m. B, 2 m. A, 2 m. B.
36ᵉ rg : 1 m. B, 4 m. A, 2 m. B.

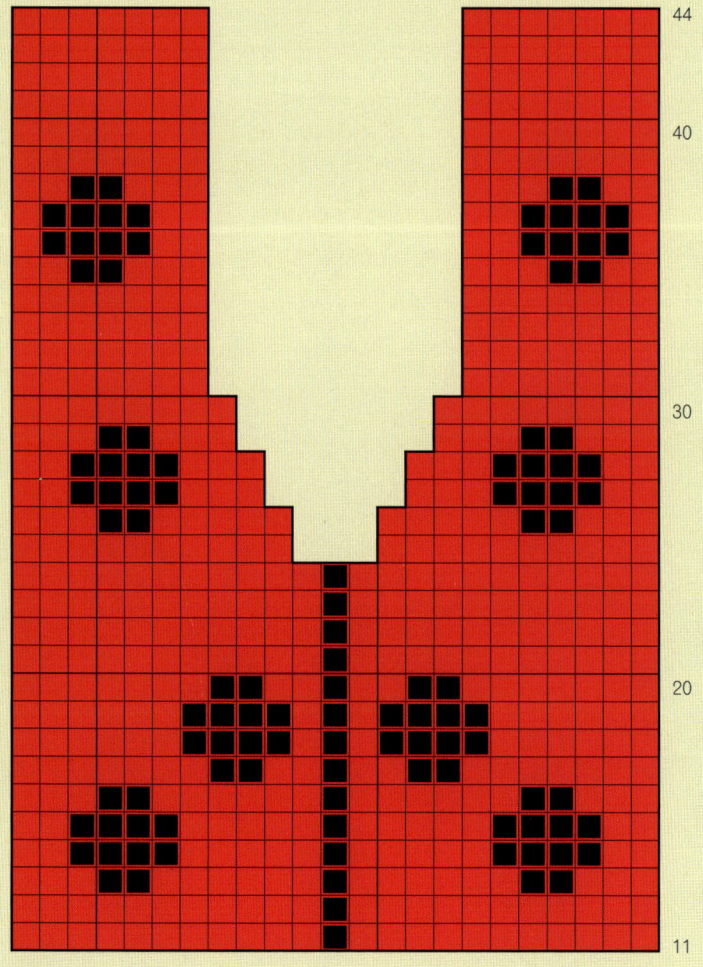

■ A
■ B

72

37ᵉ rg : 2 m. B, 4 m. A, 1 m. B.
38ᵉ rg : 2 m. B, 2 m. A, 3 m. B.
39ᵉ au 44ᵉ rg : en B.
45ᵉ rg : rab.
Reprendre le trav., au centre, sur les m. en attente.
26ᵉ rg : en trav. sur l'env., 5 m. B, 2 m. A, 3 m. B.
27ᵉ rg : 2 m. B, 4 m. A, 1 m. B, 1 m. glissée, 1 m. B, rab. la m. glissée sur la m. tric., 1 m. B.
Cont. les dim. et le trav. pour amener ce côté au même niveau que le premier.

BORDURE
Relever 3 m. A sur 4 rgs tout autour de la cheville.
Les rab. au rg suiv. en les tric. à l'end. sur l'env.

Deuxième chausson
Tricoter le deuxième chausson semblable.

MONTAGE
Fermer le talon. Épingler régulièrement le dessus à la semelle et le coudre (*voir p. 9*). Rentrer tous les fils.

Bottines en dentelle et pointe de diamant

Ces bottines classiques associent plusieurs textures. Délicates sans être fades, elles conviendront parfaitement pour un baptême ou pour un mariage.

TAILLE
6 à 9 mois

FOURNITURES
Fil à tricoter 100 % coton, 115 m pour 50 g : 1 pel. écru
2 aig. n° 3,5
76 cm de ruban

ÉCHANTILLON
24 m. et 30 rgs = 10 cm tricotés en jersey endroit avec les aig. n° 3,5

ABRÉVIATIONS
Voir p. 116

TIGE
Monter 49 m.
1er rg : * 1 m. end., 1 jeté, 4 m. end., 1 m. glissée, 2 m. ensemble à l'end., rab. la m. glissée sur les m. tric., 4 m. end., 1 jeté * 4 fs, 1 m. end.
2e rg et ts les rgs pairs : à l'env.
3e rg : * 2 m. end., 1 jeté, 3 m. end., 1 m. glissée, 2 m. ensemble à l'end., rab. la m. glissée sur les m. tric., 3 m. end., 1 jeté, 1 m. end. * 4 fs, 1 m. end.
5e rg : * 3 m. end., 1 jeté, 2 m. end., 1 m. glissée, 2 m. ensemble à l'end., rab. la m. glissée sur les m. tric., 2 m. end., 1 jeté, 2 m. end. * 4 fs, 1 m. end.
7e rg : * 4 m. end., 1 jeté, 1 m. end., 1 m. glissée, 2 m. ensemble à l'end., rab. la m. glissée sur les m. tric., 1 m. end., 1 jeté, 3 m. end. * 4 fs, 1 m. end.
9e rg : * 5 m. end., 1 m. glissée, 2 m. ensemble à l'end., rab. la m. glissée sur les m. tric., 4 m. end. * 4 fs, 1 m. end. = 41 m.
10e rg : * 2 m. ensemble à l'env., 8 m. env. * 4 fs, 1 m. env. = 37 m.
Tric. en côtes 1/1 pendant 7 rgs.
Rg suiv. : 1 m. end., * 1 m. end., 1 jeté, 2 m. ensemble à l'end. * Répéter jusqu'à la fin du rg.
Cont. en jersey end. Tric. 3 rgs en comm. par 1 rg env.

DESSUS DU PIED
25 m. end., tourner, 13 m. env. Tourner.
Tric. en jersey end. sur ces 13 m. pendant 4 rgs.
5e rg : 6 m. end., 1 m. env., 6 m. env.
6e rg : 5 m. env., 3 m. end., 5 m. env.
7e rg : 4 m. end., 5 m. env., 4 m. end.
8e rg : 3 m. env., 7 m. end., 3 m. env.
9e rg : 2 m. end., 9 m. env., 2 m. end.
10e rg : comme le 8e.
11e rg : comme le 7e.
12e rg : comme le 6e.
13e rg : comme le 5e.
14e au 16e rg : en jersey end. Couper le fil.
En trav. sur l'end., reprendre les 12 premières m. en attente, relever 13 m. sur la lisière du dessus de pied, reprendre les 13 m. du bout du pied, relever 13 m. sur l'autre lisière et reprendre les 12 dernières m. = 63 m.
Tric. 11 rgs end.

SEMELLE
1er rg : * 1 m. end., 2 m. ensemble à l'end., 26 m. end., 2 m. ensemble à l'end. * 2 fs, 1 m. end.
2e rg : 1 m. end., 2 m. ensemble à l'end., tric. à l'end. jusqu'aux 3 dernières m., 2 m. ensemble à l'end., 1 m. end.
3e rg : * 1 m. end., 2 m. ensemble à l'end., 23 m. end., 2 m. ensemble à l'end. * 2 fs, 1 m. end.
4e rg : comme le 2e.
5e rg : * 1 m. end., 2 m. ensemble à l'end., 20 m. end., 2 m. ensemble à l'end. * 2 fs, 1 m. end.
6e rg : rab.

Deuxième bottine
Tricoter la deuxième bottine semblable.

MONTAGE
Fermer la tige et le dessous de pied.
Couper le ruban en 2 et le glisser dans les trous pour le nouer sur le devant (*voir p. 9*).

CHAUSSONS DE BÉBÉS

Bottines aux poissons

De petits poissons dorés nagent joyeusement autour de ces chaussons. Un motif tout simple aux couleurs vives qui ressort particulièrement bien sur un fond sombre.

TAILLE
Naissance à 3 mois

FOURNITURES
Fil à tricoter 100 % mérinos, 120 m pour 50 g : 1 pel. col. marine (M), quelques g col. jaune (A) et orange (B)
2 aig. n° 3 et n° 3,5

ÉCHANTILLON
24 m. et 32 rgs = 10 cm tricotés en jersey endroit avec les aig. n° 3,5

ABRÉVIATIONS
Voir p. 116

TIGE
Avec les aig. n° 3, monter 32 m. B.
Prendre M et tric. 21 rgs de côtes 1/1.
Prendre les aig. n° 3,5 et cont. en jersey end.
Tric. 4 rgs.

DESSUS DU PIED
21 m. end., tourner, 10 m. env. Tourner.
Tric. 14 rgs sur ces 10 m.
Couper le fil.
En trav. sur l'end., reprendre les 11 premières m. en attente, à la suite, relever 9 m. M sur la lisière du dessus de pied, reprendre les 10 m. du bout du pied, relever 9 m. sur l'autre lisière, puis reprendre les 11 dernières m. = 50 m.

Cont. en jersey end. comme indiqué ci-dessous en comm. par 1 rg env. :
1er rg : comm. le motif jacquard en suiv. la grille et en tric. ce rg en A.
2e rg : en M.
3e rg : * 1 m. M, 2 m. B, 4 m. M, 3 m. B, 2 m. M * 2 fs, 2 m. M, * 2 m. M, 3 m. B, 4 m. M, 2 m. B, 1 m. M * 2 fs.
4e rg : * 2 m. M, 2 m. B, 1 m. M, 4 m. B, 1 m. M, 1 m. B, 1 m. M * 2 fs, 2 m. M, * 1 m. M, 1 m. B, 1 m. M, 4 m. B, 1 m. M, 2 m. B, 2 m. M * 2 fs.
5e rg : * 3 m. M, 9 m. B * 2 fs, 2 m. M, * 9 m. B, 3 m. M * 2 fs.
6e rg : * 2 m. M, 2 m. B, 1 m. M, 6 m. B, 1 m. M * 2 fs, 2 m. M, * 1 m. M, 6 m. B, 1 m. M, 2 m. B, 2 m. M * 2 fs.
7e rg : comme le 3e. Couper le fil B.
8e rg : avec M.
9e rg : en A. Couper le fil.
10e rg : avec M.

SEMELLE
1er rg : à l'end.
2e rg : * 1 m. end., 2 m. ensemble à l'end., 19 m. end., 2 m. ensemble à l'end., 1 m. end. * 2 fs.
3e rg : à l'end.
4e rg : * 1 m. end., 2 m. ensemble à l'end., 17 m. end., 2 m. ensemble à l'end., 1 m. end. * 2 fs.
5e rg : * 1 m. end., 2 m. ensemble à l'end., 15 m. end., 2 m. ensemble à l'end., 1 m. end. * 2 fs.
6e rg : à l'end.
7e rg : rab.

Deuxième bottine
Tricoter la deuxième bottine semblable.

MONTAGE
Fermer la tige et le dessous (voir p. 9). Rentrer tous les fils.

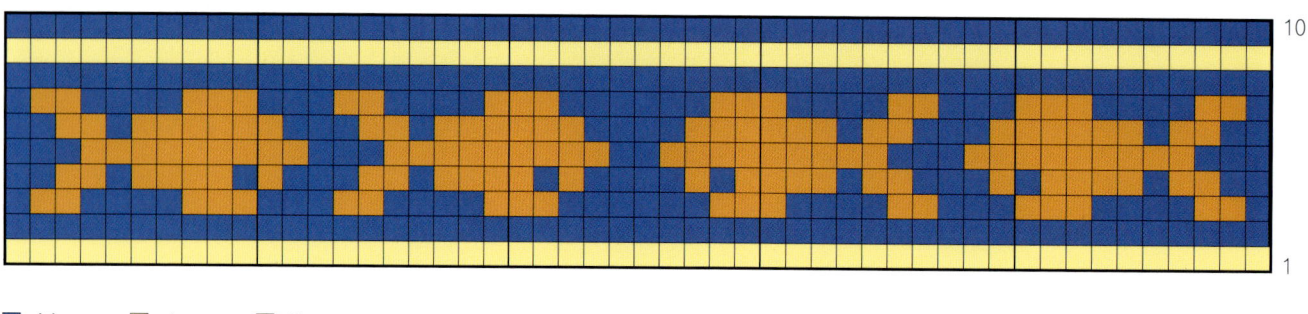

■ M   □ A   ■ B

CHAUSSONS DE BÉBÉS

Chaussettes aux entrelacs

Les tricoteuses expérimentées ne manqueront pas de relever le défi que représentent les entrelacs de ces chaussettes.

TAILLE
3 à 6 mois

FOURNITURES
Fil à tricoter 100 % laine mérinos, 183 m pour 50 g : 1 pel. écru (E) et 1 pel. rouge (R)
2 aig. n° 3

ÉCHANTILLON
28 m. et 38 rgs = 10 cm tricotés en jersey endroit avec les aig. n° 3

ABRÉVIATIONS
Voir p. 116

TIGE
Monter 56 m. R. Tric. 1 rg end.
Comm. les entrelacs :
1er rg : 3 m. end., 1 m. glissée, 1 m. end., rab. la m. glissée sur la m. tric., tourner, 4 m. env.
• 2e et 3e rgs : comme le 1er.
4e rg : * 3 m. end., 1 m. glissée, 1 m. end., rab. la m. glissée sur la m. tric. * 2 fs, tourner, 4 m. env. •.
Répéter de • à • sur tout le rg, en rab. 4 m. à la fin de la dernière répétition.
En trav. sur l'env., avec E, relever 4 m. env. sur le bord a (voir fig. 1, p.117), tourner, 4 m. end.
* 1er au 3e rg : 3 m. env., 2 m. ensemble à l'env., tourner, 4 m. end.
4e rg : 3 m. env., 2 m. ensemble à l'env., relever 4 m. env. sur a (voir fig. 1, p. 117), tourner, 4 m. end. *
Répéter de * à * sur tout le rg.
Tric. 5 rgs de jersey end. sur les 4 dernières m. Rab.
En trav. sur l'end., avec R, relever 4 m. le long de b (voir fig. 2, p. 117), tourner, 4 m. env.
• 1er au 3e rg : 3 m. end., 1 m. glissée, 1 m. end., rab. la m. glissée sur la m. tric., tourner, 4 m. env.
4e rg : * 3 m. end., 1 m. glissée, 1 m. end., rab. la m. glissée sur la m. tric. * 2 fs, tourner, 4 m. env.
Répéter de • à • sur tout le rg. Tric. 6 rgs de jersey end. sur les 4 dernières m. Couper le fil R.
En trav. sur l'end., avec E * 4 m. env., relever 3 m. le long de (a) (voir p.117) * Répéter jusqu'à la fin du rg = 49 m.
Rg suiv. : * 2 m. end., 2 m. ensemble à l'end., 3 m. end. * Répéter jusqu'à la fin du rg = 42 m.
Comm. ainsi les côtes fantaisie :
1er rg : sur l'env. * 1 m. end., 4 m. env., 1 m. end. * Répéter jusqu'à la fin du rg.
2e rg : * 1 m. env., 4 m. end., 1 m. env. * Répéter jusqu'à la fin du rg.
3e rg : * 1 m. end., 1 m. env., 2 m. end., 1 m. env., 1 m. end. * Répéter jusqu'à la fin du rg.
4e rg : * 1 m. env., 1 m. end., 2 m. env., 1 m. end., 1 m. env. * Répéter jusqu'à la fin du rg.
5e au 16e rg : répéter 3 fs du 1er au 4e rg.
17e rg : comme le 1er. Couper le fil E.

DESSUS DU PIED
Glisser les 13 premières m. sans les tric., puis avec E : * 4 m. end., 2 m. env. * 2 fs, 4 m. end., tourner.
En cont. le point, tric. 19 rgs sur ces 16 m.
Couper le fil E.

BOUT DU PIED
Avec R : 2 m. end., 2 m. ensemble à l'end., 3 m. end., 2 m. ensemble à l'end., 3 m. end., 1 m. glissée, 1 m. end., rab. la m. glissée sur la m. tric., 2 m. end. = 13 m.
Tric. 3 rgs au point de riz.
Dim. 1 m. à ch. extrémité du rg suiv. et du 5e rg = 9 m.
Tric. 3 rgs. Couper le fil R.

TOUR DU PIED ET SEMELLE
Glisser toutes les m. sur une aig. et trav. sur l'end. avec R : 13 m. end., relever 11 m. sur la lisière du dessus de pied, 6 m. sur le bout, tric. au point de riz les 9 m. du bout du pied en attente sur l'aig., relever 6 m. sur le bout, 11 m. sur l'autre lisière, puis reprendre les 13 dernières m. en attente = 69 m.
Tric. au point de riz en faisant le trav. précisé ci-dessous sur les rgs indiqués.
5e rg : 27 m. point de riz, 3 m. ensemble à l'env., 9 m. point de riz, 3 m. ensemble à l'env., 27 m. point de riz.
9e rg : 26 m. point de riz, 1 m. glissée, 2 m. ensemble à l'end., rab. les m. glissées sur la m. tric., 7 m. point de riz, 1 m. glissée, 2 m. ensemble à l'end., rab. la m. glissée sur les m. tric., 26 m. point de riz.
13e rg : 25 m. point de riz, 3 m. ensemble à l'env., 5 m. point de riz, 3 m. ensemble à l'env., 25 m. point de riz.
16e rg : 2 m. point de riz, * 1 m. glissée, 2 m. ensemble à l'end., rab. la m. glissée sur les m. tric., 19 m. point de riz, 1 m. glissée, 2 m. ensemble à l'end., rab. la m. glissée sur les m. tric. * 3 m. point de riz. Répéter une autre fs de * à *, 2 m. point de riz.
18e rg : * 1 m. end., 3 m. ensemble à l'env., 17 m. point de riz, 3 m. ensemble à l'env. * 2 fs, 1 m. end.
Rab.

Deuxième chaussette
Tricoter la deuxième chaussette semblable.

MONTAGE
Fermer le talon et le dessous du pied (voir p. 9).
Rentrer tous les fils.

CHAUSSONS DE BÉBÉS

Chaussons en jacquard

Un modèle qui comblera les amateurs de jacquard « Fair Isle ».
Les tons pastel lui conviendront tout autant que les couleurs contrastées.

TAILLE
3 à 6 mois

FOURNITURES
Fil à tricoter 100 % coton, 115 m pour 50 g : 1 pel. bleu marine (M), quelques g jaune (A), rouge (B) et vert (C)
2 aig. n° 3
2 petits boutons

ÉCHANTILLON
26 m. et 34 rgs = 10 cm tricotés en jersey endroit jacquard, aig. n° 3

ABRÉVIATIONS
Voir p. 116

SEMELLE
Monter 19 m. M. Tric. au point de riz.
Augm. 1 m. à ch. extrémité des 2, 4 et 6e rgs = 25 m.
Tric. 2 rgs. Dim. 1 m. à ch. extrémité des 9, 11 et 13e rgs = 19 m.
14e rg : tric. au point de riz jusqu'à la fin du rg, ajouter 6 m. = 25 m.

DESSUS
Cont. en jersey end. en suiv. la grille et les explic. ci-dessous.
Comm. par 1 rg end.
1er rg : * 1 m. M, 1 m. A * Répéter jusqu'à la dernière m., 1 m. M.
2e rg : 1 augm. M dans la 1re m., à l'env. jusqu'à la fin du rg.
3e rg : 1 m. M, * 1 m. B, 2 m. M, 1 m. C, 2 m. M * Répéter jusqu'à la dernière m., 1 m. B.
4e rg : 1 augm. B dans la 1re m., * 1 m. B, 1 m. C, 1 m. A, 1 m. C, 1 m. B, 1 m. A * Répéter jusqu'à la dernière m., 1 m. B.
5e rg : comme le 3e jusqu'aux 2 dernières m., 1 m. B, 1 m. M.
6e rg : comme le 2e.
7e rg : * 1 m. M, 1 m. A * Répéter jusqu'à la fin.
8e rg : avec M : 1 augm. dans la 1re m., 10 m. env., * 1 m. end., 1 m. env. * Répéter jusqu'à la dernière m., 1 m. end.
9e rg : 18 m. M au point de riz, puis à l'end. : 1 m. M, 1 m. B, 2 m. M, 1 m. C, 2 m. M, 1 m. B, 2 m. M, 1 m. C.
10e rg : à l'env. : 1 augm. dans la 1re m. A, 1 m. C, 1 m. B, 1 m. A, 1 m. B, 1 m. C, 1 m. A, 1 m. C, 1 m. B, 1 m. A, 1 m. B, puis avec M : * 1 m. env., 1 m. end. * Répéter jusqu'à la fin du rg.
11e rg : rab. les 15 premières m., * 1 m. env., 1 m. end. * 2 fs, puis à l'end. : 1 m. B, 2 m. M, 1 m. C, 2 m. M, 1 m. B, 2 m. M, 1 m. C, 1 m. M.
12e rg : avec M : 13 m. env., 1 m. end., 1 m. env.
13e rg : avec M, * 1 m. env., 1 m. end. * 2 fs, puis à l'end. : * 1 m. A, 1 m. M * Répéter jusqu'à la dernière m., 1 m. A.
14e rg : comme le 12e.
15e rg : avec M, * 1 m. env., 1 m. end. * 2 fs, puis à l'end. : 1 m. B, 2 m. M, 1 m. C, 2 m. M, 1 m. B, 2 m. M, 1 m. C, 1 m. M.
16e rg : à l'env. : * 1 m. C, 1 m. A, 1 m. C, 1 m. B, 1 m. A, 1 m. B * 2 fs, avec M : 1 m. env., 1 m. end., 1 m. env., ajouter 15 m.
17e rg : 18 m. M point de riz, puis à l'end. : 1 m. M, 1 m. B, 2 m. M, 1 m. C, 2 m. M, 1 m. B, 2 m. M, 2 m. ensemble C.
18e rg : avec M : 11 m. env., 18 m. point de riz.
19e rg : à l'end. : * 1 m. M, 1 m. A * Répéter jusqu'aux 3 dernières m., 1 m. M, 2 m. ensemble A.
20e rg : avec M.
21e rg : comme le 3e jusqu'aux 3 dernières m., 1 m. B, 2 m. ensemble M.
22e rg : * 1 m. B, 1 m. A, 1 m. B, 1 m. C, 1 m. A, 1 m. C * Répéter jusqu'aux 3 dernières m., 1 m. B, 1 m. A, 1 m. B.
23e rg : comme le 3e jusqu'aux 2 dernières m., 2 m. ensemble B.
24e rg : avec M.
25e rg : * 1 m. M, 1 m. A * Répéter jusqu'aux 2 dernières m., 2 m. ensemble M.
26e rg : avec M.
27e rg : rab.

Deuxième chausson
Tricoter le deuxième chausson semblable.

MONTAGE
Fermer le talon. Épingler régulièrement le dessus autour de la semelle puis le coudre.
Rentrer tous les fils.

BRIDES
Monter 8 m. M, puis en trav. sur l'end., relever 10 m. sur le talon (5 m. de ch. côté de la couture arrière), ajouter 8 m. = 26 m.
1er rg : * 1 m. end., 1 m. env. * Répéter jusqu'à la fin du rg.
2e rg : * 1 m. env., 1 m. end. * Répéter jusqu'aux 4 dernières m., 2 m. ensemble à l'env., 1 jeté, 1 m. env., 1 m. end.
3e rg : comme le 1er.
4e rg : rab.
Coudre le bouton (voir p. 9).

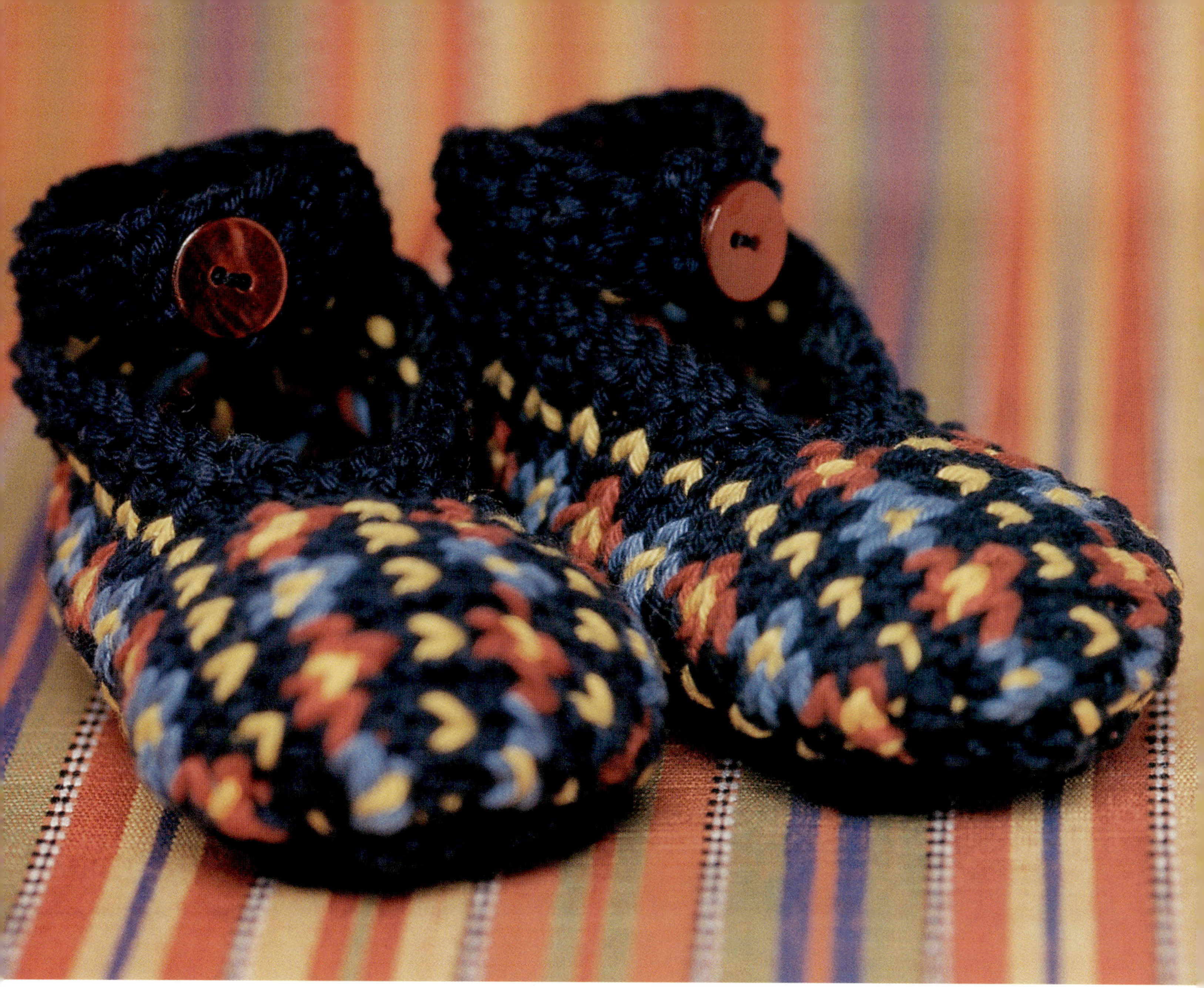

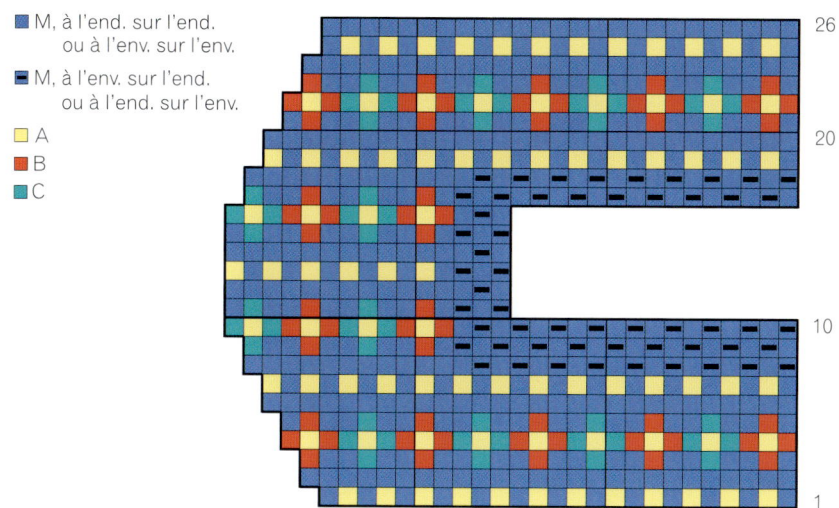

- ■ M, à l'end. sur l'end. ou à l'env. sur l'env.
- ■ M, à l'env. sur l'end. ou à l'end. sur l'env.
- ☐ A
- ☐ B
- ☐ C

81

CHAUSSONS DE BÉBÉS

Bottines au bord roulotté

Ces bottines sont un grand classique, de forme simple mais moderne grâce à leur bordure roulottée, tricotée dans un coloris contrasté.

TAILLE
Naissance à 3 mois (3 à 6 mois)

FOURNITURES
Fil à tricoter 100 % laine mérinos, 183 m pour 50 g :
1 pel. bleu (B), quelques g rouge (R)
2 aig. n° 3

ÉCHANTILLON
28 m. et 38 rgs = 10 cm tricotés en jersey end. avec les aig. n° 3

ABRÉVIATIONS
Voir p. 116

TIGE
Monter 41 m. R. Tric. 10 rgs de jersey end.
Prendre B et tric. 6 rgs.
7e rg : 2 m. end., * 1 jeté, 2 m. ensemble à l'end., 2 m. end.
* 9 fs, 1 jeté, 2 m. ensemble à l'end., 1 m. end.
Tric. encore 3 rgs.

DESSUS DU PIED
28 m. end., tourner, 15 m. env. Tourner.
Tric. 16 (22) rgs sur ces 15 m.
Couper le fil.
En trav. sur l'end., reprendre les 13 premières m. en attente, à la suite relever 11 (17) m. B sur la lisière du dessus de pied, reprendre les 15 m. du bout du pied, relever 11 (17) m. sur l'autre lisière, puis reprendre les 13 dernières m. = 63 (75) m.
Tric. 13 rgs.

SEMELLE
1er rg : 1 m. end., * 2 m. ensemble à l'end., 25 (31) m. end., 2 m. ensemble à l'end. * 3 m. end. Répéter une autre fs de * à *, 1 m. end.
2e rg : 26 (32) m. end., 2 m. ensemble à l'end., 3 m. end., 2 m. ensemble à l'end., 26 (32) m. end.
3e rg : 1 m. end., * 2 m. ensemble à l'end., 22 (28) m. end., 2 m. ensemble à l'end. * 3 m. end. Répéter une autre fs de * à *, 1 m. end.
4e rg : 23 (29) m. end., 2 m. ensemble à l'end., 3 m. end., 2 m. ensemble à l'end., 23 (29) m. end.
5e rg : 1 m. end., * 2 m. ensemble à l'end., 19 (25) m. end., 2 m. ensemble à l'end. * 3 m. end. Répéter une autre fs de * à *, 1 m. end.
6e rg : rab.

LIENS
Couper 6 brins R de 46 cm.
Les nouer ensemble à une extrémité, puis les partager en 3 branches de 2 pour confectionner une tresse.
Nouer l'autre extrémité.

Deuxième bottine
Tricoter la deuxième bottine semblable.

MONTAGE
Fermer la tige et le dessous de pied. Rentrer tous les fils.
Broder des points de nœud rouges autour du dessus de pied.
Broder une étoile à points lancés (voir photo). Passer les tresses dans les trous pour les nouer sur le devant (voir p. 9).

CHAUSSONS DE BÉBÉS

Bottines « tigres »

Des bottines très originales pour des bébés débordant d'énergie ! En coton léger, elles resteront confortables même quand il fera chaud.

TAILLE
3 à 6 mois

FOURNITURES
Fil à tricoter 100 % coton, 115 m pour 50 g : 1 pel. noir (A) et jaune (B)
2 aig. n° 3

ÉCHANTILLON
26 m. et 34 rgs = 10 cm tricotés en jersey endroit jacquard avec les aig. n° 3

ABRÉVIATIONS
Voir p. 116

SEMELLE
Elle est comm. par le talon. Monter 3 m. A. Tric. au point de riz. Augm. 1 m. à ch. extrémité des 2, 3, 5, 6 et 8e rgs = 13 m. Cont. droit jusqu'au 36e rg. Dim. 1 m. à ch. extrémité du rg suiv. puis ts les 2 rgs jusqu'à ce qu'il ne reste que 5 m.
Rg suiv. : à l'env.

DESSUS
1er rg : avec B : 1 augm. dans les 2 premières m., 1 m. end., 1 augm. dans les 2 dernières m. = 9 m.
2e rg : à l'env.
3e rg : 1 m. end., * 1 augm. dans chacune des 2 m. suiv., 2 m. end. * 2 fs = 13 m.
4e rg : à l'env.
Cont. en jersey end.
5e rg : 2 m. end., 1 augm. dans chacune des 2 m. suiv., 4 m. end., 1 augm. dans chacune des 2 m. suiv., 3 m. end. = 17 m.
6e rg : 3 m. A, 11 m. B, 3 m. A.
7e rg : 2 m. A, 1 augm. dans la m. suiv. A, 3 m. A, 5 m. B, 3 m. A, 1 augm. dans la m. suiv. A, 2 m. A = 19 m.
8e rg : 6 m. A, 7 m. B, 6 m. A.
9e rg : 2 m. A, 15 m. B, 2 m. A.
10e rg : avec B, * 2 m. env., 1 augm. dans la m. suiv. * 2 fs, 6 m. env., * 1 augm. dans la m. suiv. 2 m. env. * 2 fs, 1 m. env. = 23 m.
11e rg : cont. en suiv. la grille jacquard et les explic. : B.
12e rg : 4 m. A, 15 m. B, 4 m. A.
13e rg : 10 m. A, 3 m. B, 10 m. A.
14e rg : 8 m. A, 7 m. B, 8 m. A.
15e rg : 4 m. A, 15 m. B, 4 m. A.
16e et 17e rgs : B.
18e rg : 1 m. A, 21 m. B, 1 m. A.
19e rg : 4 m. A, 15 m. B, 4 m. A.
20e rg : 7 m. A, 9 m. B, 7 m. A.
21e rg : 10 m. A, 3 m. B, 10 m. A.
22e rg : 6 m. A, 11 m. B, 6 m. A.
23e rg : 3 m. A, 17 m. B, 3 m. A.
24e rg : B.
25e rg : 10 m. B, rab. 3 m., 10 m. B.
Cont. sur ces 10 dernières m.
26e rg : 3 m. A, 7 m. B.
27e rg : 1 m. B, 2 m. ensemble B, 2 m. B, 5 m. A.
28e rg : 2 m. A, 7 m. B.
29e rg : 1 m. B, 2 m. ensemble B, 6 m. B.
30e rg : B.
31e rg : 1 m. B, 2 m. ensemble B, 2 m. B, 3 m. A = 7 m.
32e rg : 5 m. A, 2 m. B.
33e rg : 5 m. B, 2 m. A.
34e rg : B.
35e rg : 4 m. B, 3 m. A.
36e rg : 5 m. A, 2 m. B.
37e et 38e rgs : B.
39e rg : 5 m. B, 2 m. A.

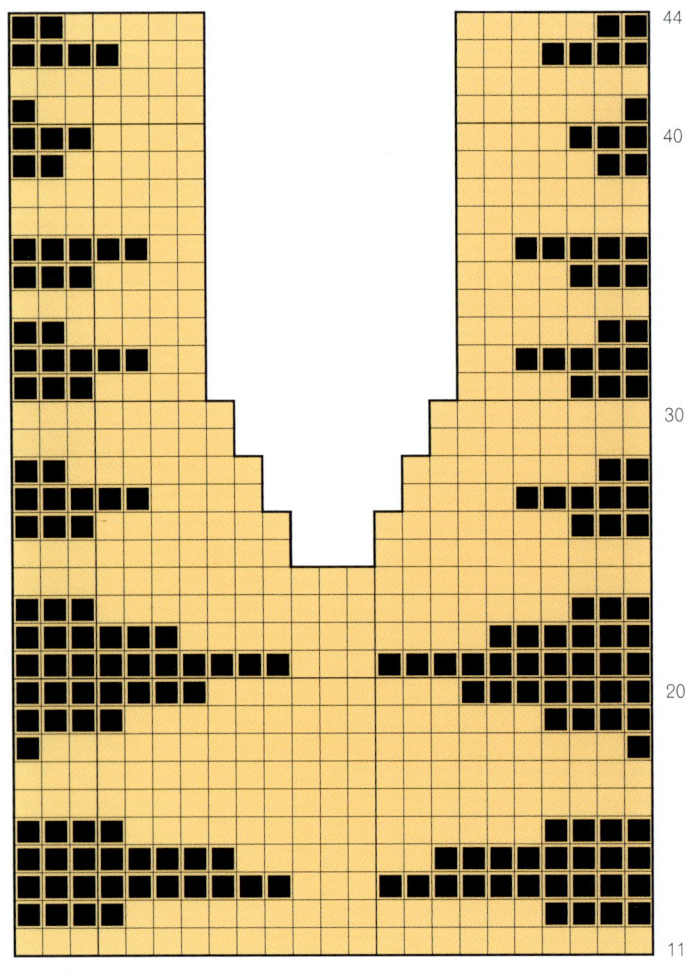

■ A
□ B

40ᵉ rg : 3 m. A, 4 m. B.
41ᵉ rg : 6 m. B, 1 m. A.
42ᵉ rg : B.
43ᵉ rg : 3 m. B, 4 m. A.
44ᵉ rg : 2 m. A, 5 m. B.
45ᵉ rg : rab.
Reprendre le trav. au centre sur les m. en attente.
26ᵉ rg : en trav. sur l'env., 7 m. B, 3 m. A.
27ᵉ rg : 5 m. A, 2 m. B, 1 m. glissée, 1 m. B, rab. la m. glissée sur la m. tric., 1 m. B.
Cont. ainsi les dim. et amener ce côté au niveau du premier.

TIGE

En trav. sur l'end., relever 35 m. A autour de la cheville.
Tric. 26 rgs de côtes 1/1.
En trav. sur l'env. tric. 1 rg end. B. Rab.

Deuxième bottine
Tricoter la deuxième bottine semblable.

MONTAGE
Fermer la tige et l'arrière.
Épingler régulièrement le dessus autour de la semelle et le coudre (voir p. 9). Rentrer tous les fils.

Chaussettes aux cœurs

Un motif « Fair Isle » traditionnel. Vous pouvez tricoter dans des tons pastel ou, pour un effet plus fort, dans des coloris très contrastés.

TAILLE
3 à 6 mois

FOURNITURES
Fil à tricoter 100 % laine mérinos, 183 m pour 50 g : 1 pel. col. bleu (B) et 1 pel. col. rouge (R)
1 jeu de 4 aig. n° 3

ÉCHANTILLON
28 m. et 38 rgs = 10 cm tricotés en jersey endroit avec les aig. n° 3

ABRÉVIATIONS
Voir p. 116

TIGE
Monter 36 m. R et répartir 12 m. sur ch. aig.
Prendre B et tric. un tour à l'end.
Tric. 4 tours de côtes 1/1.
Cont. en jersey end. jacquard, en tournant, en suiv. la grille et les explic. :
1er tour : R.
2e et 3e tours : B.
4e tour : * 1 m. B, 2 m. R * Répéter jusqu'à la fin du tour.
5e tour : * 1 m. B, 5 m. R * Répéter jusqu'à la fin du tour.
6e et 7e tours : * 2 m. B, 3 m. R, 1 m. B * Répéter jusqu'à la fin du tour.
8e tour : * 3 m. B, 1 m. R, 2 m. B * Répéter jusqu'à la fin du tour.
9e et 10e tours : B.
11e tour : C.
12e et 13e tours : B.
14e tour : * 1 m. R, 2 m. B * Répéter jusqu'à la fin du tour.
15e et 16e tours : M.
Les rgs 1 à 16 forment la totalité du motif. Répéter une autre fs.

DÉPART DU TALON
Avec R, tric. 17 m. end., tourner, 15 m. env. Tourner.
Tric. 6 rgs sur ces 15 m.

MISE EN FORME DU TALON
1er rg : 9 m. end., tourner.
2e rg : 1 m. glissée, 2 m. envers, tourner.
3e rg : 1 m. glissée, 1 m. end., 1 m. glissée, 1 m. end., rab. la m. glissée sur la m. tric., 1 m. end., tourner.
4e rg : 1 m. glissée, 2 m. env., 2 m. ensemble à l'env., 1 m. env., tourner.
5e rg : 1 m. glissée, 3 m. end., 1 m. glissée, 1 m. end., rab. la m. glissée sur la m. tric., 1 m. end., tourner.
6e rg : 1 m. glissée, 4 m. env., 2 m. ensemble à l'env., 1 m. env., tourner.
7e rg : 1 m. glissée, 5 m. end., 1 m. glissée, 1 m. end., rab. la m. glissée sur la m. tric., tourner.
8e rg : 1 m. glissée, 6 m. env., 2 m. ensemble à l'env., 1 m. env.
Couper le fil.
Relever 6 m. R sur la lisière du talon, reprendre les 9 m. du talon, relever 6 m. sur l'autre lisière, reprendre les 19 m. en attente.
Cont. ainsi :
1er tour : avec B, 1 m. end., 1 m. glissée, 1 m. end., rab. la m. glissée sur la m. tric., 19 m. end., 2 m. ensemble à l'end., 18 m. end.
2e tour : avec B, 1 m. end., 1 m. glissée, 1 m. end., rab. la m. glissée sur la m. tric., 17 m. end., 2 m. ensemble à l'end., 18 m. end.
3e tour : 1 m. B, 1 m. glissée, 1 m. R, rab. la m. glissée sur la m. tric., * 1 m. R, 1 m. B, 1 m. R * 5 fs, 2 m. ensemble R, * 1 m. B, 2 m. R * 6 fs.
Cont. en jacquard, en tric. les tours 4 à 16 puis 1 à 10.
Couper B.

BOUT DU PIED
Avec R
1er tour : à l'end.
2e tour : * 2 m. ensemble à l'end., 14 m. end., 1 m. glissée, 1 m. end., rab. la m. glissée sur la m. tric. * 2 fs.
3e tour : à l'end.
4e tour : * 2 m. ensemble à l'end., 12 m. end., 1 m. glissée, 1 m. end., rab. la m. glissée sur la m. tric. * 2 fs.
5e tour : à l'end.

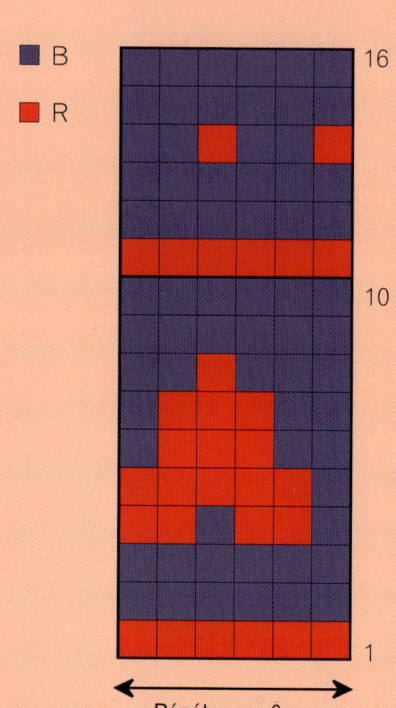

■ B
■ R

6e tour : * 2 m. ensemble à l'end., 10 m. end., 1 m. glissée, 1 m. end., rab. la m. glissée sur la m. tric. * 2 fs.
7e tour : à l'end.
8e tour : * 2 m. ensemble à l'end., 8 m. end., 1 m. glissée, 1 m. end., rab. la m. glissée sur la m. tric. * 2 fs.
9e tour : à l'end.
10e tour : rab.

Deuxième chaussette
Tricoter la deuxième chaussette semblable.

MONTAGE
Fermer le bout du pied (voir p. 9).
Rentrer tous les fils.

Chaussons fermés sur la cheville

Ces petits chaussons se tricotent rapidement et font ressortir le fil gonflant. Les boutons de bois accentuent leur aspect rustique.

TAILLE
6 à 9 mois

FOURNITURES
Fil à tricoter 60 % laine, 30 % alpaga, 10 % acrylique, 100 m pour 100 g : 1 pel. bleu
2 aig. n° 4
2 boutons de bois

ÉCHANTILLON
20 m. et 38 rgs = 10 cm tricotés au point mousse avec les aig. n° 4

ABRÉVIATIONS
Voir p. 116

SEMELLE
Monter 14 m. Tric. au point mousse en augm. 1 m. à ch. extrémité des 2, 4 et 6 rgs. Tric. le 7e rg, puis dim. 1 m. à ch. extrémité des 8, 10 et 12e rgs.
Rab.

DESSUS
Monter 19 m.
Tric. au point mousse en augm. 1 m. au début des 2, 4, 6, 8 et 10e rgs (bout du pied).
11e rg : rab. 11 m., tric. jusqu'à la fin du rg.
12e au 26e rg : à l'end.
27e rg : ajouter 11 m., 24 m. end.
Dim. 1 m. au début des 28, 30, 32, 34 et 36e rgs.
Rab.

TOUR DE CHEVILLE
Fermer le talon. Monter 10 m., relever 10 m. sur le talon (5 de chaque côté de la couture), ajouter 10 m.
Tric. 1 rg end.
2e rg : tric. à l'end. jusqu'aux 3 dernières m., rab. 1 m., 2 m. end.
3e rg : 2 m. end., 1 jeté, à l'end. jusqu'à la fin du rg.
4e rg : à l'end.
5e rg : rab.

Deuxième chausson
Tricoter le deuxième chausson semblable.

MONTAGE
Épingler la couture du talon ainsi que le milieu du bout du pied au milieu de la semelle. Passer un fil de fronces dans le bout du pied et tirer pour ramener le bout du pied aux mesures de la semelle. Épingler et coudre le dessus à la semelle. Rentrer tous les fils. Coudre les boutons (voir p. 9).

CHAUSSONS DE BÉBÉS

Bottines aux étoiles

Un modèle simple, un motif jacquard facile à tricoter : ces chaussons sont le projet parfait pour les débutantes.

TAILLE
6 à 9 mois

FOURNITURES
Fil à tricoter 100 % laine mérinos, 183 m pour 50 g : 1 pel. marine (M), quelques g jaune (J) et vert (V)
2 aig. n° 3

ÉCHANTILLON
28 m. et 38 rgs = 10 cm tricotés en jersey endroit avec les aig. n° 3

ABRÉVIATIONS
Voir p. 116

TIGE
Monter 41 m. M et tric. 2 cm au point mousse. Cont. en jersey end. Tric. 2 rgs.
3ᵉ rg : 2 m. end., * 1 jeté, 2 m. ensemble à l'end., 2 m. end. * 9 fs, 1 jeté, 2 m. ensemble à l'end., 1 m. end.
Tric. encore 3 rgs.

DESSUS DU PIED
28 m. end., tourner, 15 m. env. Tourner.
Tric. 8 rgs sur ces 15 dernières m.
9ᵉ rg : comm. le motif jacquard en suiv. la grille et en tric. : 7 m. M, 1 m. J, 7 m. M
Après le motif, pour le bout du pied, tric. encore 4 rgs M. Couper le fil.
En trav. sur l'end., reprendre les 13 premières m. en attente sur l'aig., à la suite relever 16 m. M sur la lisière du dessus de pied, reprendre les 15 m. du bout de pied, relever 16 m. sur l'autre lisière et reprendre les 13 dernières m. en attente = 73 m.
Tric. 13 rgs à l'end.

SEMELLE
Avec M :
1ᵉʳ rg : 1 m. end., * 2 m. ensemble à l'end., 30 m. end., 2 m. ensemble à l'end * 3 m. end. Répéter une autre fs de * à *, 1 m. end.
2ᵉ rg : 31 m. end., 2 m. ensemble à l'end., 3 m. end., 2 m. ensemble à l'end., 31 m. end.
3ᵉ rg : 1 m. end., * 2 m. ensemble à l'end., 27 m. end., 2 m. ensemble à l'end. * 3 m. end., Répéter une autre fs de * à *, 1 m. end.
4ᵉ rg : 28 m. end., 2 m. ensemble à l'end., 3 m. end., 2 m. ensemble à l'end., 28 m. end.
5ᵉ rg : 1 m. end., * 2 m. ensemble à l'end., 24 m. end., 2 m. ensemble à l'end. * 3 m. end., Répéter une autre fs de * à *, 1 m. end.
6ᵉ rg : rab.

Deuxième chausson
Tricoter le deuxième chausson semblable.

MONTAGE
Fermer la tige et le dessous du pied. Rentrer tous les fils.
Avec 3 brins de fils vert, confectionner une tresse. Nouer les extrémités. Glisser les tresses dans les trous pour les nouer sur le devant (*voir p. 9*).

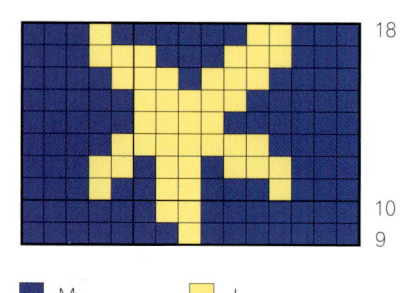

■ M   ■ J

CHAUSSONS DE BÉBÉS

Pantoufles à bordure contrastée

Douces et chaudes grâce à leur fil mousseux, faciles à enfiler : ces pantoufles sont idéales pour un tout petit bébé.

TAILLE
Naissance à 3 mois

FOURNITURES
Fil à tricoter 70 % lambswool, 26 % kid mohair, 4 % nylon, 140 m pour 50 g
Choisissez entre :
– rose et vert : 1 pel. rose (A) et quelques g vert (B)
– vert et marine : 1 pel. vert (A) et quelques g marine (B)
2 aig. n° 4

ÉCHANTILLON
22 m. et 40 rgs = 10 cm tricotés au point mousse avec les aig. n° 4

ABRÉVIATIONS
Voir p. 116

SEMELLE
Monter 14 m. M. Tric. au point mousse en augm. 1 m. à ch. extrémité des 1, 3, 5 et 7e rgs = 22 m.
Dim. 1 m. à ch. extrémité des 9, 11, 13 et 15e rgs = 14 m.

DESSUS
16e rg : ajouter 5 m. pour le talon et tric. les 19 m. à l'end. Pour le bout du pied, augm. 1 m. au début des 17, 19, 21 et 23e rgs = 23 m.

24e rg : rab. 12 m., tric. à l'end. jusqu'à la fin du rg.
25e au 35e rg : à l'end.
36e rg : ajouter 12 m. et tric. les 23 m. à l'end.
Dim. 1 m. au début des 37, 39, 41 et 43e rgs = 19 m.
Rab.

BORDURE
Relever 12 m. B du talon jusqu'au milieu du pied, 6 m. sur le milieu du pied, 12 m. du milieu au talon.
Rab. aussitôt en tric. les m. à l'end. sur l'env.

Deuxième pantoufle
Tricoter la deuxième pantoufle semblable.

MONTAGE
Fermer le talon. Épingler régulièrement le dessus autour de la semelle et coudre (*voir p. 9*).
Rentrer tous les fils.

CHAUSSONS DE BÉBÉS

Bottines rayées

Non seulement ces bottines tiennent les pieds des bébés bien au chaud, mais leur longue tige en côtes les maintient parfaitement : tout à fait ce qu'il faut pour un bébé turbulent !

TAILLE
3 à 6 mois (6 à 9 mois)

FOURNITURES
Fil à tricoter 100 % laine, 115 m pour 50 g :
– **marine** : 1 pel. marine (A) et 1 pel. écru (B)
– **rose vif** : 1 pel. rose vif (A) et 1 pel. écru (B)
– **bleu** : 1 pel. bleu (A) et 1 pel. écru (B)
– **rose pâle** : 1 pel. rose pâle (A) et 1 pel. écru (B)
2 aig. n° 3

ÉCHANTILLON
26 m. et 40 rgs = 10 cm tricotés au point mousse avec les aig. n° 3

ABRÉVIATIONS
Voir p. 116

CHAUSSONS DE BÉBÉS

SEMELLE
Monter 43 (53) m. A.
1er rg : * 1 augm. dans la 1re m., 19 (24) m. end., 1 augm. dans la m. suiv. * 2 fs, 1 m. end.
2e au 4e rg : à l'end.
5e rg : * 1 augm. dans la 1re m., 21 (26) m., 1 augm. dans la m. suiv. * 2 fs, 1 m. end.
6e au 8e rg : à l'end.
9e rg : * 1 augm. dans la 1re m., 23 (28) m., 1 augm. dans la m. suiv. * 2 fs, 1 m. end.
10e rg : à l'end.

DENTS DE CHAT
Prendre B
1er rg : à l'end.
2e rg : à l'env.
3e rg : 1 m. end., * 1 jeté, 2 m. ensemble à l'end. * Répéter jusqu'à la fin du rg.
4e rg : à l'env.
5e et 6e rgs : comme le 1er et le 2e.
Prendre A
7e rg : plier le trav. sur le rg de trous et tric. ensemble la 1re m. de l'aig. gauche et la 1re m. du 1er rg des dents de chat sur tout le rg.
8e au 16 (20)e rg : à l'end.

DESSUS DU PIED
1er rg : avec A, 31 (36) m. end., 1 m. glissée, 1 m. end. rab. la m. glissée sur la m. tric., tourner.
2e rg : avec A, 8 m. end., 2 m. ensemble à l'end., tourner.
3e rg : avec B, 8 m. end., 1 m. glissée, 1 m. end., rab. la m. glissée sur la m. tric., tourner.
4e rg : avec B, 8 m. end., 2 m. ensemble à l'end., tourner.
5e et 6e rgs : avec A, comme le 3e et le 4e.
7e au 18e (22e) rg : répéter du 3e au 6e rg.
Tric. de nouveau les 3 et 4e rgs.
Rg suiv. : avec A, 9 m. end., puis tric. à l'end. jusqu'à la fin du rg.
Tric. 3 rgs end. sur toutes les m.

TIGE
Cont. en côtes 1/1.
1er au 8e rg : A.
9e rg : à l'end. avec B.
10e au 28e rg : avec B en côtes 1/1.
29e rg : avec A à l'env.
Rab. avec A.

Deuxième bottine
Tricoter la deuxième bottine semblable.

MONTAGE
Fermer la semelle et la tige par une fine couture (voir p. 9).
Rentrer tous les fils.

CHAUSSONS DE BÉBÉS

Chaussettes aux torsades

La forme simple de ces chaussettes met en valeur le charme des torsades. Un ouvrage parfait pour les tricoteuses qui aiment travailler avec une seule couleur.

TAILLE
3 à 6 mois

FOURNITURES
Fil à tricoter 100 % laine mérinos, 183 m pour 50 g : 1 pel. écru
2 aig. n° 3
1 aig. à torsades

ÉCHANTILLON
28 m. et 38 rgs = 10 cm tricotés en jersey endroit avec les aig. n° 3

ABRÉVIATIONS
4CD = mettre 2 m. en attente sur l'aig. à torsades placée derrière, tric. à l'end. les 2 m. suiv. puis les 2 m. de l'aig. à torsades
Voir également p. 116

TIGE
Monter 36 m. et tric. 5 rgs de côtes 1/1.
6ᵉ rg : * 3 m. en côtes, 1 augm. dans la m. suiv., 2 m. en côtes * Répéter jusqu'à la fin du rg = 42 m.
Former ainsi les torsades :
1ᵉʳ rg : * 4 m. end., 3 m. env. * Répéter jusqu'à la fin du rg.
2ᵉ rg : * 2 m. ensemble à l'end., 1 jeté, 1 m. end., 4 m. env. * Répéter jusqu'à la fin du rg.
3ᵉ rg : * 4CD, 3 m. env. * Répéter jusqu'à la fin du rg.
4ᵉ rg : * 3 m. end., 4 m. env. * Répéter jusqu'à la fin du rg.
5ᵉ rg : comme le 1ᵉʳ.
6ᵉ rg : comme le 4ᵉ.
7ᵉ au 24ᵉ rg : répéter 3 fs du 1ᵉʳ au 6ᵉ rg.
25ᵉ au 27ᵉ rgs : répéter du 1ᵉʳ au 3ᵉ rg.
Partager pour le dessus du pied.
28ᵉ rg : tric. 35 m. en respectant le point, tourner, tric. 18 m. Tourner.

DESSUS DU PIED
Tric. 22 rgs en torsades sur ces 18 dernières m.
23ᵉ rg : * 1 m. env., 2 m. ensemble à l'env., 1 m. env., 3 m. end. * 2 fs, 1 m. env., 2 m. ensemble à l'env., 1 m. env. = 15 m.
Couper le fil.

TALON ET TOUR DU PIED
Mettre toutes les m. sur une seule aig.
En trav. sur l'end. : 1 m. end., 2 m. ensemble à l'end., 4 m. end., relever 20 m. sur la lisière du dessus de pied, tric. les 15 m. du bout du pied, relever 20 m. sur l'autre lisière du dessus de pied, puis tric. ainsi les dernières m. de l'aig. : * 4 m. end., 2 m. ensemble à l'end., 1 m. end. * 2 fs, 3 m. end. = 76 m.
Cont. ainsi :
1ᵉʳ rg et tous les rgs impairs : à l'env.
2ᵉ rg : 25 m. end., 1 m. glissée, 1 m. end., rab. la m. glissée sur la m. tric., 13 m. end., 2 m. ensemble à l'end., 34 m. end.
4ᵉ rg : 25 m. end., 1 m. glissée, 1 m. end., rab. la m. glissée sur la m. tric., 11 m. end., 2 m. ensemble à l'end., 34 m. end.
6ᵉ rg : 25 m. end., 1 m. glissée, 1 m. end., rab. la m. glissée sur la m. tric., 9 m. end., 2 m. ensemble à l'end., 34 m. end.
8ᵉ rg : 25 m. end., 1 m. glissée, 1 m. end., rab. la m. glissée sur la m. tric., 7 m. end., 2 m. ensemble à l'end., 34 m. end.
10ᵉ rg : 2 m. ensemble à l'end., 22 m. end., 1 m. glissée, 2 m. ensemble à l'end., rab. la m. glissée sur la m. tric., 5 m. end., 3 m. ensemble à l'end., 22 m. end., 1 m. glissée, 2 m. ensemble à l'end., rab. la m. glissée sur les m. tric., 6 m. end., 2 m. ensemble à l'end.
12ᵉ rg : 2 m. ensemble à l'end., 20 m. end., 1 m. glissée, 2 m. ensemble à l'end., rab. la m. glissée sur les m. tric., 3 m. end., 3 m. ensemble à l'end., 20 m. end., 1 m. glissée, 2 m. ensemble à l'end., rab. la m. glissée sur les m. tric., 4 m. end., 2 m. ensemble à l'end.
14ᵉ rg : 2 m. ensemble à l'end., 18 m. end., 1 m. glissée, 2 m. ensemble à l'end., rab. la m. glissée sur les m. tric., 1 m. end., 3 m. ensemble à l'end., 18 m. end., 1 m. glissée, 2 m. ensemble à l'end., rab. la m. glissée sur les m. tric., 2 m. end., 2 m. ensemble à l'end.
15ᵉ rg : à l'env.
16ᵉ rg : rab.

Deuxième chaussette
Tricoter la deuxième chaussette semblable.

MONTAGE
Fermer la tige. Attention, la couture ne se trouve pas juste au centre. Épingler avec soin la couture du dessous de pied et la fermer *(voir p. 9)*.
Rentrer tous les fils.

Chaussons aux franges colorées

Ces chaussons, très faciles à tricoter, feront beaucoup d'effet dans des couleurs très vives.

TAILLE
Naissance à 3 mois

FOURNITURES
Fil à tricoter 100 % laine mérinos, 183 m pour 50 g : 1 pel. rouge, quelques g vert, bleu et jaune
2 aig. n° 4
2 petits boutons

ÉCHANTILLON
22 m. et 40 rgs = 10 cm tricotés au point mousse avec les aig. n° 4

ABRÉVIATIONS
Voir p. 116

SEMELLE
Monter 32 m. rouge.
1er rg : * 1 m. end., 1 augm. dans la m. suiv., 12 m. end., 1 augm. dans la m. suiv., 1 m. end. * 2 fs.
2e rg et ts les rgs pairs : à l'end.
3e rg : * 1 m. end., 1 augm. dans la m. suiv., 14 m. end., 1 augm. dans la m. suiv., 1 m. end. * 2 fs.
5e rg : * 1 m. end., 1 augm. dans la m. suiv., 16 m. end., 1 augm. dans la m. suiv., 1 m. end. * 2 fs.
7e rg : * 1 m. end., 1 augm. dans la m. suiv., 18 m. end., 1 augm. dans la m. suiv., 1 m. end. * 2 fs.
9e rg : * 1 m. end., 1 augm. dans la m. suiv., 20 m. end., 1 augm. dans la m. suiv., 1 m. end. * 2 fs = 52 m.
10e au 15e rg : à l'end.

DESSUS DU PIED
16e rg : 30 m. end., tourner.
17e au 33e rg : 7 m. end., 1 m. glissée, 1 m. end., rab. la m. glissée sur la m. tric., tourner = 35 m.
34e rg : 7 m. end., 1 m. glissée, 1 m. end., rab. la m. glissée sur la m tric., 13 m. end.
35e au 37e rg : à l'end.
38e rg : rab.

TOUR DE CHEVILLE
Fermer le talon et le dessous du pied.
Monter 6 m., en trav. sur l'end., relever 12 m. sur le talon (6 m. de ch. côté de la couture), ajouter 6 m.
1er rg : à l'end.
2e rg : tric. à l'end. jusqu'aux 4 dernières m., 2 m. ensemble à l'end., 1 jeté, 2 m. end.
3e rg : à l'end.
4e rg : rab.

Deuxième chausson
Tricoter le deuxième chausson semblable.

MONTAGE
Rentrer tous les fils. Couper 5 brins de fil bleu de 25 cm, les plier en 2. Avec un crochet, les nouer sur le dessus du chausson à environ 1 cm du bord. Faire le même travail avec 5 brins verts et 5 brins jaunes. Égaliser toutes les extrémités. Épingler les franges en vis-à-vis sur l'autre chausson.
Coudre les boutons (voir p. 9).

Chaussons avec torsade centrale

La torsade centrale de ces chaussons est simple à tricoter, et sa couleur contrastée en augmente le relief.

TAILLE
3 à 6 mois

FOURNITURES
Fil à tricoter 100 % laine, 115 m pour 50 g : 1 pel. bleu moyen (A), quelques g écru (B)
2 aig. n° 3
1 aig. à torsades

ÉCHANTILLON
26 m. et 36 rgs = 10 cm tricotés en jersey endroit avec les aig. n° 3

ABRÉVIATIONS
4CD : mettre 4 m. en attente sur l'aig. à torsades en attente derrière le trav., 4 m. end., puis tric. à l'end. les 4 m. de l'aig. à torsades.
Voir également p. 116

SEMELLE
Elle est comm. par le talon. Monter 2 m. A et tric. au point de riz. Augm. 1 m. à ch. extrémité des 2, 3, 5, 6 et 8ᵉ rgs = 12 m. Cont. droit jusqu'au 36ᵉ rg. Dim. 1 m. à ch. extrémité du rg suiv., puis ts les 2 rgs jusqu'à ce qu'il reste 4 m.
Rg suiv. : à l'env.

DESSUS
Cont. en jersey end.
1ᵉʳ rg : 1 augm. dans ch. m. = 8 m.
2ᵉ rg : 2 m. A, 4 m. B, 2 m. A.
3ᵉ rg : * 1 augm. dans la m. suiv. A, * 2 fs, 4 m. B, * 1 augm. dans la m. suiv. A * 2 fs = 12 m.
4ᵉ rg : 4 m. A, 4 m. B, 4 m. A.
5ᵉ rg : 1 m. A, * 1 augm. dans la m. suiv. A * 2 fs, 1 m. A, 4CD, 1 m. A, * 1 augm. dans la m. suiv. A * 2 fs, 1 m. A = 16 m.
6ᵉ rg : 6 m. A, 4 m. B, 6 m. A.
7ᵉ rg : 3 m. A, 1 augm. dans la m. suiv. A, 2 m. A, 4 m. B, 2 m. A, 1 augm. dans la m. suiv. A, 3 m. A = 18 m.
8ᵉ rg : 7 m. A, 4 m. B, 7 m. A.
9ᵉ rg : 7 m. A, 4CB, 7 m. A.
10ᵉ rg : * 2 m. A, 1 augm. dans la m. suiv. A * 2 fs, 1 m. A, 4 m. B, 1 m. A, * 1 augm. dans la m. suiv. A, 2 m. A * 2 fs = 22 m.
11ᵉ et 12ᵉ rgs : 9 m. A, 4 m. B, 9 m. A.
13ᵉ rg : 9 m. A, 4 CB, 9 m. A.
14ᵉ rg : comme le 12ᵉ.
15ᵉ au 22ᵉ rg : répéter 2 fs du 11ᵉ au 14ᵉ rg.
23ᵉ et 24ᵉ rgs : comme le 11ᵉ et le 12ᵉ.
25ᵉ rg : 9 m. A, rab. 4 m., 9 m. A.
Cont. sur ces 9 dernières m. avec A.
26ᵉ rg : à l'env.
27ᵉ rg : 1 m. end., 2 m. ensemble à l'end., 6 m. end.
28ᵉ rg : à l'env.
29ᵉ rg : 1 m. end., 2 m. ensemble à l'end., 5 m. end.
30ᵉ rg : à l'env.
31ᵉ au 42ᵉ rg : en jersey end.
43ᵉ rg : rab.
Reprendre le trav. au centre sur les m. en attente.
26ᵉ rg : à l'env.
27ᵉ rg : 6 m. end., 1 m. glissée, 1 m. end., rab. la m. glissée sur la m. tric., 1 m. end.
Cont. ainsi les dim. et amener ce côté au niveau du premier.

TIGE
Relever 34 m. A autour de la cheville. Tric. 34 rgs de côtes 1/1.
Prendre B et tric. 1 rg end.
Rab.

Deuxième chausson
Tricoter le deuxième chausson semblable.

MONTAGE
Fermer le talon et la tige.
Épingler régulièrement le dessus autour de la semelle et le coudre *(voir p. 9)*.
Rentrer tous les fils.

CHAUSSONS DE BÉBÉS

Bottines aux feuilles ajourées

D'adorables et romantiques bottines pour des petites filles. La bordure dentelée complète le motif de feuilles.

TAILLE
3 à 6 mois

FOURNITURES
Fil à tricoter 100 % laine, 115 m pour 50 g : 1 pel. rose
2 aig. de 4 mm
76 cm de ruban

ÉCHANTILLON
22 m. et 30 rgs = 10 cm tricotés en jersey endroit avec les aig. n° 4

ABRÉVIATIONS
Voir p. 116

SEMELLE
Monter 27 m. et trav. ainsi :
1er rg et ts les rgs impairs : à l'end.
2e rg : * 1 m. end., 1 augm. dans la m. suiv., 10 m. end., 1 augm. dans la m. suiv. * 2 fs, 1 m. end.
4e rg : * 1 m. end., 1 augm. dans la m. suiv., 12 m. end., 1 augm. dans la m. suiv. * 2 fs, 1 m. end.
6e rg : * 1 m. end., 1 augm. dans la m. suiv., 14 m. end., 1 augm. dans la m. suiv. * 2 fs, 1 m. end.
8e rg : * 1 m. end., 1 augm. dans la m. suiv., 16 m. end., 1 augm. dans la m. suiv. * 2 fs, 1 m. end.
10e rg : * 1 m. end., 1 augm. dans la m. suiv., 18 m. end., 1 augm. dans la m. suiv. * 2 fs, 1 m. end. = 47 m.

TOUR DU PIED
11e au 19e rg : à l'end.

DESSUS DU PIED
1er rg : 28 m. end., 1 m. glissée, 1 m. end., rab. la m. glissée sur la m. tric., tourner.
2e rg : 1 m. glissée, 9 m. env., 2 m. ensemble à l'env., tourner.
3e rg : 1 m. glissée, 9 m. end., 1 m. glissée, 1 m. end., rab. la m. glissée sur la m. tric., tourner.
4e au 13e rg : répéter 5 fois le 2e et le 3e rg.
14e rg : 1 m. glissée, 9 m. env., 2 m. ensemble à l'env., tourner = 33 m.
15e rg : 1 m. glissée, 21 m. end.
16e rg : à l'env.
17e rg : à l'end.
18e rg : à l'env.
19e rg : pour faire les trous-trous tric. : * 1 m. end., 1 jeté, 2 m. ensemble à l'end. * Répéter jusqu'à la fin du rg.
20e rg : à l'end.
21e rg : à l'env.
22e rg : à l'end.
23e rg : 4 m. env., * 1 m. end., 5 m. env. * 4 fs, 1 m. end., 4 m. env.
24e rg : 4 m. end., * 1 m. env., 5 m. end. * 4 fs, 1 m. env., 4 m. end.
25e rg : 4 m. env., * 1 jeté, 1 m. end., 1 jeté, 5 m. env. * 4 fs, 1 jeté, 1 m. end., 1 jeté, 4 m. env.
26e rg : 4 m. end., * 3 m. env., 5 m. end. * 4 fs, 3 m. env., 4 m. end.
27e rg : 4 m. env., [* 1 m. end., 1 jeté * 2 fs, 1 m. end., 5 m. env.] 4 fs, * 1 m. end., 1 jeté * 2 fs, 1 m. end., 4 m. env.
28e rg : 4 m. end., * 5 m. env., 5 m. end. * 4 fs, 5 m. env., 4 m. end.
29e rg : 4 m. env., * 2 m. end., 1 jeté, 1 m. end., 1 jeté, 2 m. end., 5 m. env. * 4 fs, 2 m. end., 1 jeté, 1 m. end., 1 jeté, 2 m. end., 4 m. env.
30e rg : 4 m. end., * 7 m. env., 5 m. end. * 4 fs, 7 m. env., 4 m. end.
31e rg : 4 m. env., * 2 m. end., 1 m. glissée, 2 m. ensemble à l'end., rab. la m. glissée sur les m. tric., 2 m. end., 5 m. env. * 4 fs, 2 m. end., 1 m. glissée, 2 m. ensemble à l'end., rab. la m. glissée sur la m. tric., 2 m. end., 4 m. env.
32e rg : comme le 28e.
33e rg : 4 m. env., * 1 m. end., 1 m. glissée, 2 m. ensemble à l'end., rab. la m. glissée sur les m. tric., 1 m. end., 5 m. env. * 4 fs, 1 m. end., 1 m. glissée, 2 m. ensemble à l'end., rab. la m. glissée sur la m. tric., 1 m. end., 4 m. env.
34e rg : comme le 26e.
35e rg : 4 m. env., * fil derrière, 1 m. glissée, 2 m. ensemble à l'end., rab. la m. glissée sur les m. tric., 5 m. env. * 4 fs, fil derrière, 1 m. glissée, 2 m. ensemble à l'end., rab. la m. glissée sur les m. tric., 4 m. env.
36e rg : à l'end.
37e rg : à l'env.
40e rg : à l'env.
41e rg : 1 m. end., * 1 jeté, 2 m. ensemble à l'end. * Répéter jusqu'à la fin du rg.
• •
42e rg : à l'env.
43e rg : à l'end.
44e rg : rab. souplement.

Deuxième bottine
Tricoter la deuxième bottine semblable.

MONTAGE
Fermer la jambe et le dessous de pied. Plier le haut vers l'envers sur • • et coudre à points souples. Rentrer tous les fils. Couper le ruban en 2 et le glisser dans les trous pour le nouer sur le devant (voir p. 9).

Pantoufles en tweed aux noppes

Les coloris subtils du tweed s'accordent bien à ce modèle, mais vous pouvez aussi essayer le blanc et noir pour une allure de Pierrot.

TAILLE
Naissance à 3 mois

FOURNITURES
Fil à tricoter 100 % laine, 200 m pour 50 g : 1 pel. violet (A), 1 pel. bleu (B)
2 aig. n° 3,5

ÉCHANTILLON
24 m. et 32 rgs = 10 cm tricotés en jersey endroit avec les aig. n° 3,5

ABRÉVIATIONS
Noppe : 1 m. end., 1 jeté, 1 m. end., 1 jeté et 1 m. end. dans la m. suiv., tourner, tric. les 5 m. à l'env., tourner, 5 m. end., tourner, 2 m. ensemble à l'env., 1 m. env., 2 m. ensemble à l'env., tourner, 3 m. ensemble à l'end. Cont. le rg.
Voir également p. 116

SEMELLE
Monter 3 m. B, tric. au point de riz. Augm. 1 m. à ch. extrémité des 1, 3 et 5e rgs.
Cont. au point de riz jusqu'à 8 cm de haut. tot.
Dim. 1 m. à ch. extrémité du rg suiv., puis ts les 2 rgs jusqu'à ce qu'il reste 3 m. Rab.

DESSUS
Il est comm. par le bout du pied.
Monter 5 m. A et tric. en jersey end. en faisant le trav. indiqué aux rgs précisés ci dessous :
1er rg : 1 m. end., 1 augm. dans chacune des 3 m. suiv., 1 m. end.
3e rg : 1 m. end., 1 augm. dans chacune des 5 m. suiv., 2 m. end.
5e rg : 3 m. end., 1 augm. dans chacune des 6 m. suiv., 4 m. end.
= 19 m.
9e rg : 9 m. end. A, 1 noppe B, 9 m. end. A.
13e et 17e rgs : comme le 9e.
21e rg : 8 m. end., rab. 3 m., 8 m. end.
Cont. sur ces 8 dernières m.
1er rg : à l'env.
2e rg : 1 m. end., 1 m. glissée, 1 m. end., rab. la m. glissée sur la m. tric., tric. à l'end. jusqu'à la fin du rg.
Répéter le 1er et le 2e rg 2 autres fs = 5 m.
Tric. encore 9 rgs.
Rab.
Reprendre le trav., au centre, sur les m. en attente.
2e rg : tric. à l'end. jusqu'aux 3 dernières m., 2 m. ensemble à l'end., 1 m. end.

Deuxième pantoufle
Tricoter la deuxième pantoufle semblable.

MONTAGE
Fermer le talon.
Épingler régulièrement le dessus autour de la semelle et le coudre (*voir p. 9*).
Rentrer tous les fils.

CHAUSSONS DE BÉBÉS

Bottines d'Arlequin

Avec leur pointe audacieuse garnie d'un pompon et leur bordure contrastée, ces bottines sont aussi drôles que fonctionnelles.

TAILLE
6 à 9 mois

FOURNITURES
Fil à tricoter 100 % laine, 115 m pour 50 g

Revers rouge, pompon rouge : 1 pel. bleu (A), rouge (B) et jaune (C)
2 pompons rouges
Revers bleu, pompon vert : 1 pel. rouge (A), bleu (B) et jaune (C)
2 pompons verts
Revers rouge, pompon bleu : 1 pel. bleu (A), rouge (B) et jaune (C)
2 pompons bleus
Revers bleu, pompon rouge : 1 pel. rouge (A), bleu (B) et jaune (C)
2 pompons rouges

2 aig. n° 3,5

ÉCHANTILLON
24 m. et 32 rgs = 10 cm tricotés en jersey endroit avec les aig. n° 3,5

ABRÉVIATIONS
G2 = glisser les 2 m. suiv. en les prenant comme pour les tric. à l'env.
Voir également p. 116

Premier pied
SEMELLE
Monter 41 m. A.
1er rg : * 1 augm. dans la m. suiv., 18 m. end., 1 augm. dans la m. suiv. * 2 fs, 1 m. end.
2e et 3e rgs : à l'end.
4e rg : * 1 augm. dans la m. suiv., 20 m. end., 1 augm. dans la m. suiv. * 2 fs, 1 m. end.
5e et 6e rgs : à l'end.
7e rg : * 1 augm. dans la m. suiv., 22 m. end., 1 augm. dans la m. suiv. * 2 fs, 1 m. end. = 53 m.
8e rg : à l'end. Couper le fil A.
9e rg : avec C à l'end.
10e rg : à l'env.
11e rg : 1 m. end., * 1 jeté, 2 m. ensemble à l'end. * Répéter jusqu'à la fin du rg.
12e rg : à l'env.

13e et 14e rgs : comme le 9e et le 10e.
15e rg : pour former la bordure, plier le trav. envers contre envers sur le rg de trous-trous et tric. ensemble à l'end. la 1re m. de l'aig. gauche et la 1re m. du 9e m. sur tout le rg.
16e rg : 2 m. ensemble à l'end., 51 m. end., couper C.

CÔTES
17e rg : à l'end. : 26 m. A, 26 m. B.
18e rg : avec B : 24 m. end., 1 augm. dans la m. suiv., 1 m. end., fil devant ; avec A : 1 augm. dans la m. suiv., 25 m. end.
19e rg : à l'end. 27 m. A, 27 m. B.
20e rg : avec B : 25 m. end., 1 augm. dans la m. suiv., 1 m. end., fil devant ; avec A : 1 augm. dans la m. suiv., 26 m. end.
21e au 28e rg : cont. les augm. comme ci-dessus = 64 m.
29e rg : à l'end. : 32 m. A, 16 m. B, tourner.
30e rg : avec B : 1 m. glissée, 13 m. end., 1 augm. dans la m. suiv., 1 m. end., fil devant ; avec A : 1 augm. dans la m. suiv., 15 m. end., tourner.
31e rg : 1 m. glissée, 16 m. end. A, 13 m. end. B, tourner.
32e rg : avec B : 1 m. glissée, 10 m. end., 1 augm. dans la m. suiv., 1 m. end., fil devant ; avec A : 1 augm. dans la m. suiv., 12 m. end., tourner.

33ᵉ rg : 1 m. glissée, 13 m. end. A, 10 m. end. B, tourner.
34ᵉ rg : 1 m. glissée, 9 m. end. B, fil devant ; 10 m. end. A, tourner.
35ᵉ rg : 1 m. glissée, 9 m. end. A, 6 m. end. B, tourner.
36ᵉ rg : 1 m. glissée, 5 m. end. B, fil devant ; 6 m. end. A, tourner.
37ᵉ rg : 1 m. glissée, 5 m. end. A, 2 m. end. B, tourner.
38ᵉ rg : 1 m. glissée, 1 m. end. B, fil devant ; 2 m. end. A, 1 m. glissée, tourner.
Couper les fils.

DESSUS
39ᵉ rg : avec C : 2 m. ensemble à l'end., 2 m. end., 1 m. glissée, 1 m. end., rab. la m. glissée sur la m. tric., tourner.
40ᵉ rg : 4 m. end., G2, tourner.
41ᵉ rg : 3 m. ensemble à l'end., 2 m. end., 1 m. glissée, 2 m. ensemble à l'end., rab. la m. glissée sur les m. tric., tourner.
42ᵉ rg : 4 m. end., G2, tourner.
43ᵉ au 52ᵉ rg : répéter 5 fs le 41ᵉ et le 42ᵉ rg.
53ᵉ rg : 1 m. end., 2 m. ensemble à l'end., 2 m. end., 1 m. glissée, 1 m. end., rab. la m. glissée sur la m. tric., 1 m. end., tourner.
54ᵉ rg : 6 m. end., 1 m. glissée, tourner.
55ᵉ rg : 2 m. ensemble à l'end., 4 m. end., 1 m. glissée, 1 m. end., rab. la m. glissée sur la m. tric., tourner.
56ᵉ rg : 6 m. end., 1 m. glissée, tourner.
57ᵉ au 60ᵉ rg : répéter 2 fs le 55ᵉ et le 56ᵉ rg.
61ᵉ rg : 8 m. end., tourner.
62ᵉ rg : 8 m. end., fil devant ; glisser les 13 m. suiv.
Couper C = 34 m.

REVERS
1ᵉʳ au 4ᵉ rg : avec B, à l'end.
5ᵉ au 32ᵉ rg : en côtes 1/1.
Couper B.
33ᵉ rg : avec C, à l'env.
34ᵉ rg : rab. souplement.

Deuxième bottine
Trav. comme pour la première du 1ᵉʳ au 16ᵉ rg.
17ᵉ au 38ᵉ rg : remplacer A par B et B par A.
39ᵉ rg jusqu'à la fin : comme la première bottine.

MONTAGE
Fermer la semelle et l'arrière par une fine couture.
Rentrer tous les fils.
Fixer solidement les pompons sur le bout du pied (*voir p. 9*).

Chaussons au ruban noué

Un modèle « coup de cœur ». Avec leur forme simple et leur ruban de velours, ces chaussons élégants tiennent très bien sur le pied du bébé.

TAILLE
3 à 6 mois

FOURNITURES
Fil à tricoter 100 % laine, 115 m pour 50 g : 1 pel. rose
2 aig. n° 3,5
75 cm de ruban

ÉCHANTILLON
24 m. et 32 rgs = 10 cm tricotés en jersey endroit avec les aig. n° 3,5

ABRÉVIATIONS
Voir p. 116

SEMELLE
Monter 21 m., tric. au point de riz. Augm. 1 m. à ch. extrémité des 2, 4 et 6e rgs.
Tric. 3 rgs.
Dim. 1 m. à ch. extrémité des 10, 12 et 14e rgs.
Rab.

ARRIÈRE ET TALON
Monter 25 m. et tric. 10 rgs de jersey end.
Cont. en côtes 1/1 pendant 8 rgs.
Reprendre le jersey end. et tric. 13 rgs en comm. par 1 rg env. (A).
Rab.

DESSUS
Monter 3 m. Tric. en jersey end. en faisant le trav. indiqué aux rgs précisés ci-dessous :
1er rg : 1 augm. dans chacune des 2 m. suiv., 1 m. end.
3e rg : 1 augm. dans chacune des 4 premières m., 1 m. end. = 9 m.
5e rg : 1 m. end., 1 augm. dans chacune des 2 m. suiv., 2 m. end., 1 augm. dans chacune des 2 m. suiv., 2 m. end. = 13 m.
7e rg : 2 m. end., 1 augm. dans chacune des 2 m. suiv., 4 m. end., 1 augm. dans chacune des 2 m. suiv., 3 m. end. = 17 m.
9e rg : 3 m. end., 1 augm. dans chacune des 2 m. suiv., 6 m. end., 1 augm. dans chacune des 2 m. suiv., 4 m. end. = 21 m.
11e rg : 4 m. end., 1 augm. dans chacune des 2 m. suiv., 8 m. end., 1 augm. dans chacune des 2 m. suiv., 5 m. end. = 25 m.
Tric. droit jusqu'au 22e rg.
23e et 24e rgs : au point de riz. Marquer la 11e et la 14e m.
(B1 et B2 sur la fig. 4 de la p. 117).
25e rg : rab.

Deuxième chausson
Tricoter le deuxième chausson semblable.

MONTAGE
Suivre les fig. 3 et 4 de la p. 117.
Plier A *(voir fig. 3)* du talon et de l'arrière vers l'env. et le coudre sur le premier rg de jersey end. sous les côtes.
Réunir l'avant et l'arrière par des coutures B1/C1 et B2/C2 *(voir fig. 3 et 4)*. Coudre le dessus à la semelle. Couper le ruban en 2 et le glisser sous le revers pour le nouer devant *(voir p. 9)*.

CHAUSSONS DE BÉBÉS

Pantoufles

Superbes quelle que soit leur couleur, ces pantoufles sont si faciles à tricoter que vous pourrez en faire une paire assortie à chaque tenue de votre bébé.

TAILLE
Naissance à 3 mois

FOURNITURES
Fil à tricoter 70 % lambswool, 26 % kid mohair, 4 % nylon, 140 m. pour 50 g : 1 pel. bleu foncé, ou bleu pâle, ou écru, ou rose vif
2 aig. n° 4

ÉCHANTILLON
22 m. et 40 rgs = 10 cm tricotés au point mousse avec les aig. n° 4

ABRÉVIATIONS
Voir p. 116

SEMELLE
Monter 14 m. Tric. au point mousse en augm. 1 m. à ch. extrémité des 1, 3, 5 et 7e rgs.
Dim. 1 m. à ch. extrémité des 9, 11, 13 et 15e rgs = 14 m.

DESSUS
16e rg : ajouter 5 m. pour le talon et tric. les 19 m. à l'end.
Pour le bout du pied, augm. 1 m. au début des 17, 19, 21 et 23e rgs.
24e rg : rab. 10 m., puis tric. à l'end. jusqu'à la fin du rg.
25e au 35e rg : à l'end.
36e rg : ajouter 10 m. et tric. les 23 m. à l'end.
Dim. 1 m. au début des 37, 39, 41 et 43e rgs = 19 m.
Rab.

Deuxième pantoufle
Tricoter la deuxième pantoufle semblable.

MONTAGE
Fermer le talon. Épingler régulièrement le dessus autour de la semelle et le coudre (*voir p. 9*). Rentrer tous les fils.

Chaussettes rayées

Un modèle parfait pour utiliser tous les restes de fils. Essayez un assortiment de couleurs vives et lumineuses.

TAILLE
3 à 6 mois

FOURNITURES
Fil à tricoter 100 % laine mérinos, 183 m pour 50 g : 1 pel. rose vif (A), rose pâle (B) et écru (C)
1 jeu de 4 aig. n° 3

ÉCHANTILLON
28 m. et 38 rgs = 10 cm tricotés en jersey endroit avec les aig. n° 3

ABRÉVIATIONS
Voir p. 116

CONSEIL
Poser un anneau marqueur pour repérer le début du tour.

TIGE
Monter 36 m. A et les répart. sur 3 aig. : 12, 12 et 12.
Tric. 3 tours de côtes 1/1.
4e et 5e tours : avec C, * 3 m. end., 1 m. env. * Répéter jusqu'à la fin du tour.
6e et 7e tours : avec B, * 3 m. end., 1 m. env. * Répéter jusqu'à la fin du tour.
8e et 9e tours : avec A, * 3 m. end., 1 m. env. * Répéter jusqu'à la fin du tour.
10e au 27e tour : répéter 3 fs du 4e au 9e rg.

DÉBUT DU TALON
Avec A, 15 m. end., tourner, laisser les autres m. en attente sur les aig. pour le dessus de pied.
Sur ces 15 m., tric. 7 rgs de jersey end. en comm. par 1 rg env.

MISE EN FORME DU TALON
1er rg : 9 m. end., tourner.
2e rg : 1 m. glissée, 2 m. env., tourner.
3e rg : 1 m. glissée, 1 m. end., 1 m. glissée, 1 m. end., rab. la m. glissée sur la m. tric., 1 m. end., tourner.
4e rg : 1 m. glissée, 2 m. env., 2 m. ensemble à l'env., 1 m. env., tourner.
5e rg : 1 m. glissée, 3 m. end., 1 m. glissée, 1 m. end., rab. la m. glissée sur la m. tric., 1 m. end., tourner.
6e rg : 1 m. glissée, 4 m. env., 2 m. ensemble à l'env., 1 m. env., tourner.
7e rg : 1 m. glissée, 5 m. end., 1 m. glissée, 1 m. end., rab. la m. glissée sur la m. tric., tourner.
8e rg : 1 m. glissée, 6 m. env., 2 m. ensemble à l'env., 1 m. env. Couper le fil.
Avec A, relever 6 m. sur la lisière du talon, reprendre les 9 m. du talon, relever 6 m. sur l'autre lisière, puis tric. ainsi les m. en attente pour le dessus de pied : * 1 m. env., 3 m. end. * 5 fs., 1 m. env. Déplacer l'anneau marqueur pour le poser avant la dernière m. de l'aig. droite.
Cont. ainsi :
1er tour : avec C, 2 m. ensemble à l'env. (donc dernière m. de l'aig. droite et première m. de l'aig. gauche), 19 m. end., 2 m. ensemble à l'env., * 3 m. end., 1 m. env. * 4 fs, 3 m. end.
2e tour : avec B, 2 m. ensemble à l'env., 17 m. end., 2 m. ensemble à l'env., * 3 m. end., 1 m. env., * 4 fs, 3 m. end.
3e tour : avec B, 2 m. ensemble à l'env., 15 m. end., 2 m. ensemble à l'env., * 3 m. end., 1 m. env. * 4 fs, 3 m. end.
4e tour : avec A, 2 m. ensemble à l'env., 13 m. end., 2 m. ensemble à l'env., * 3 m. end., 1 m. env. * 4 fs, 3 m. end. = 34 m.
5e tour : avec A, 1 m. env., 13 m. end., * 1 m. env., 3 m. end. * 5 fs.
6e au 25e tour : comme le 5e en cont. les rayures.
Couper B et C.

BOUT DU PIED
Avec A :
1er tour : tric. jusqu'à la dernière m., glisser cette m. sur l'aig. gauche pour qu'elle devienne la première m. du tour suiv.
2e tour : * 2 m. ensemble à l'end., 13 m. end., 1 m. glissée, 1 m. end., rab. la m. glissée sur la m. tric. * 2 fs.
3e tour : à l'end.
4e tour : * 2 m. ensemble à l'end., 11 m. end., 1 m. glissée, 1 m. end., rab. la m. glissée sur la m. tric. * 2 fs.
5e tour : à l'end.
6e tour : * 2 m. ensemble à l'end., 9 m. end., 1 m. glissée, 1 m. end., rab. la m. glissée sur la m. tric. * 2 fs.
7e tour : à l'end.
8e tour : rab.

Deuxième chaussette
Tricoter la deuxième chaussette semblable.

MONTAGE
Fermer le bout du pied (voir p. 9).
Rentrer tous les fils.

CHAUSSONS DE BÉBÉS

Informations générales

ABRÉVIATIONS
Les abréviations suivantes sont les plus utilisées dans les explications. Quand un modèle a des abréviations particulières, elles sont précisées dans les explications de ce modèle. Quand des diminutions sont faites en cours de rang, la dernière maille des diminutions est toujours comptée dans les instructions qui suivent. Quand les explications sont données en deux tailles, les indications pour la plus grande taille sont indiquées entre ( ). Quand il n'y a qu'un seul chiffre, il est valable pour les deux tailles.

aig. : aiguille
augm. : augmenter
cont. : continuer
dim. : diminuer
m. : maille
rg : rang
tric. : tricoter
rab. : rabattre
env. : envers
end. : endroit
suiv. : suivant(e)
fs : fois
pel. : pelote
trav. : travail(lant)

POINTS DE BASE
* * : répéter les explications comprises entre les *
Côtes 1/1 : * 1 m. end., 1 m. env. *
Côtes 2/2 : * 2 m. end., 2 m. env. *
Point mousse : tric. toujours à l'end.
Jersey endroit : * 1 rg end., 1 rg env. *
Point de riz : 1er rg et tous les rgs impairs : * 1 m. end., 1 m. env.* Répéter jusqu'à la fin du rg.
2e rg et tous les rgs pairs : * 1 m. end., 1 m. env. * Répéter jusqu'à la dernière m., 1 m. end.
1 augmentation : tric. 2 fs la m. suiv. en prenant alternativement le fil avant et le fil arrière.
1 augmentation intercalaire : tric. le fil tendu entre la m. dernière m. de l'aig. droite et la première de l'aig. gauche, en le tordant pour éviter la formation d'un trou.

COMMENT FAIRE UN ÉCHANTILLON
Il est important de contrôler votre échantillon avant de commencer un ouvrage. Certaines personnes vont s'apercevoir qu'elles devront, par exemple, utiliser des aig. plus fines pour tricoter le coton. Montez environ 30 m. et tricotez environ 40 rgs. Mesurez le nombre de m. et de rgs indiqués (par exemple, 22 m. et 28 rgs) pour vérifier l'échantillon. N'oubliez pas qu'une maille en plus ou en moins sur 10 cm peut complètement gâcher votre travail. Si vous avez trop de mailles, essayez avec des aiguilles plus fines ; si vous n'avez pas assez de mailles, essayez avec des aiguilles plus grosses jusqu'à ce que l'échantillon soit correct.
Attention : des fils d'autres marques ne donneront pas forcément l'échantillon conseillé.

JACQUARD
La plupart des motifs jacquard de ce livre sont tricotés en faisant suivre les fils sur l'envers du travail. Cependant quelques motifs sont en tricot « intarsia » : plusieurs pelotons se croisent sur l'envers, aucun fil ne court derrière le travail.

CONSEILS D'ENTRETIEN
Repassez légèrement à la vapeur, avec une pattemouille.
Ne mettez jamais le fer en contact direct avec le tricot.
Laissez le travail refroidir en forme ou maintenez-le ainsi avec des épingles jusqu'à ce que la vapeur soit complètement sèche.
Suivez les instructions du fabricant portées sur les bandes des pelotes.

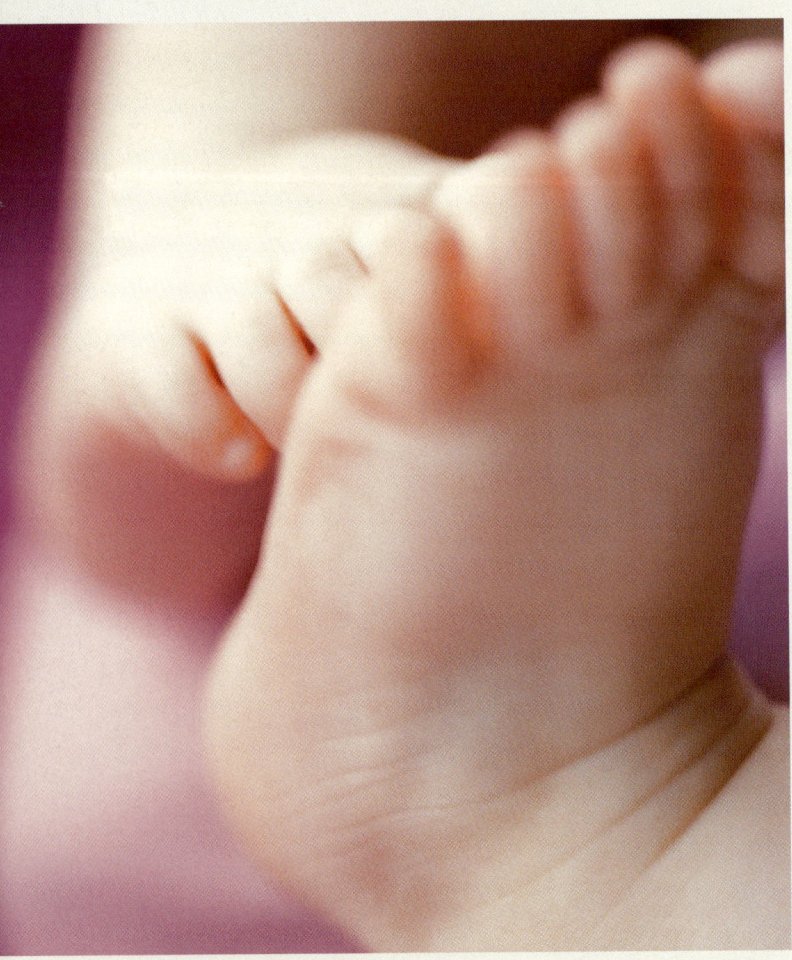

CHAUSSONS DE BÉBÉS

MONTAGE DES CHAUSSONS « MOUTONS », P. 34

Dessus et bout du pied – l'envers est utilisé sur l'endroit. Plier le devant en deux et coudre le rg d'arrêt de A à A au bout du pied, (*voir fig. 2*).

Arrière et talon : l'endroit est utilisé sur l'endroit. Réunir l'arrière et le talon au-dessus en cousant B1-C1 et B2-C2, (*voir fig. 1 et 2*). Coudre le dessus à la semelle.

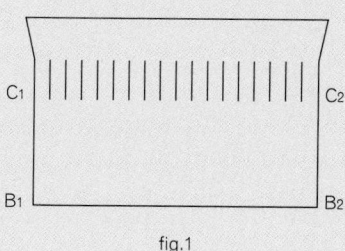
fig.1

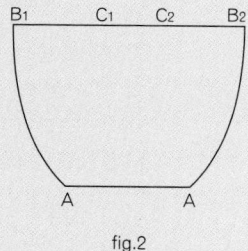
fig.2

MONTAGE DES CHAUSSONS AU RUBAN NOUÉ, P. 111

Plier A, (*voir fig. 3*), de l'arrière et du talon vers l'extérieur et coudre sur le premier rg de jersey endroit en dessous des côtes.
Coudre l'avant à l'arrière par B1-C1 et B2-C2, (*voir fig. 3 et 4*).
Coudre le dessus à la semelle.

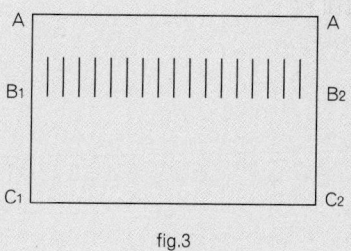
fig.3

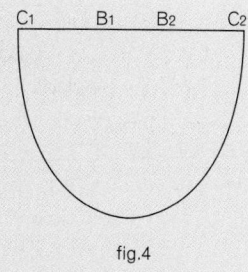
fig.4

ENTRELACS, P 78

Suivre ce diagramme en même temps que les explications pour tricoter les chaussettes aux entrelacs de la p. 78.

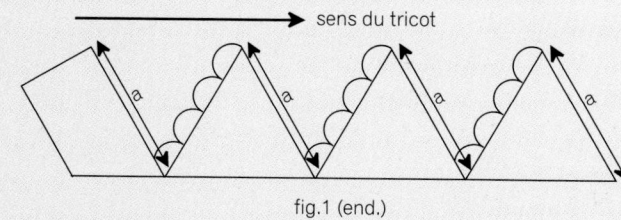
fig.1 (end.)

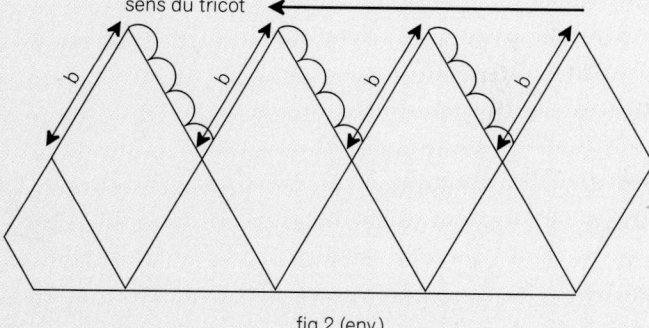
fig.2 (env.)

Remerciements de l'auteur

Merci à Eva pour ses vérifications expertes des modèles
présentés et pour avoir réussi à caser ce livre dans son emploi
du temps chargé, entre deux voyages à l'étranger.

Merci à Joey pour ses magnifiques photos.
Merci à Kate Haxell pour le plaisir que nous avons pris lors des prises
de vue, pour les délicieux petits déjeuners qui ont débuté nos journées,
et pour avoir fait de ce livre ce qu'il est aujourd'hui.

Merci aussi à Kate Kirby de m'avoir demandé d'écrire ce livre :
cela a été un vrai bonheur de concevoir les modèles qui y sont présentés.

Merci enfin à Amy d'avoir mis en valeur certains d'entre eux
avec ses adorables petits petons, et d'avoir été si agréable au quotidien !

ISBN : 2501040678

Dépôt légal : 38001 - octobre 2003

4039376/01

Imprimé en Espagne par Graphicas Estella